轻松应对孩子带来的挑战：争吵和闯祸

上

[美] 罗莉·伯金坎　　史蒂夫·阿特金斯 著
Lauri Berkenkamp　　Steven C. Atkins

虞 然　梁 田 译

山西出版传媒集团　山西人民出版社

ACKNOWLEDGEMENTS

致 谢 ///

感谢史蒂夫·阿特金斯、查理·沃格洛姆、蕾切尔·贝努瓦、苏珊·黑尔、安娜·泰普罗维茨、布鲁斯·利热，以及Nomad 出版社的每一个人，感谢你们在本书出品过程中所提供的建议、帮助以及良好的幽默感。还要感谢理查德、萨莎、诺亚和西蒙，能和自己最亲的人吵架。

——罗莉·伯金坎

衷心感谢那些为我的临床经验做出贡献的家庭。这些家庭加深了我对大家都会有的"手舞足蹈"的理解。

我也要谢谢斯泰茜，她既是我的妹妹，又是我的密友，为此我深感骄傲，尽管我们小时候经历过"家庭争吵"。我坦率承认，我们童年时期的大多数争吵可能都是由我——她的哥哥引起的。斯泰茜是一位模范家长、一位老师、一位关心他人的社区成员。我们都应该如此富有，能够拥有像她这样的妹妹。

——史蒂夫·阿特金斯

TABLE OF CONTENTS

目 录 ///

引言 //

"因为我说了算！这就是理由！"

你打开后排车门，发现你的车简直成了一个流动的有毒废物处理场。书包、糖果包装纸、空果汁盒和零星纸片扔得到处都是，于是你回到屋里，让孩子们去清理干净。你还没来得及说完"把车清理干净"，孩子们就开始吵了。

"为什么一定要干这事儿？""我从来没把车子弄得一团糟。""车子没那么脏，你只要跨过那堆东西就好啦。""车里太热了！我会吐的。""我不知道怎么打扫，我太小了。"

论谈判，世上没有哪个劳工律师比你家孩子能更持久地辩论他们"为什么不该完成妈妈要求的任务"。你进退两难，要么自己来，因为继续和你的小约翰尼·科克伦[1]们争论肯定更费时，要么就亮出你最爱说的那句："为什么要做这件事？因为我说了算！"

---

[1] Johnnie Cochran，律师，曾是辛普森案件"梦幻律师队"的成员之一，也曾为迈克尔·杰克逊等演艺界名人打过不少官司。——译者注

听上去有点儿耳熟？别担心，马上就会有人来帮忙了。本书列举了家庭中最常见的摩擦——那些让父母抓狂的争吵和烦人的行为，书中就如何处理这些问题提供了快速且实用的建议。

每天的口角，从做家庭作业时的争论，到孩子们违反门禁时间的争吵，再到互相告状，这本书都细细道来，并且给出了完整的解决方案、锦囊妙计和有趣的信息，你从来不会想过你会需要这些，直到你为人父母。

如何使用这本书

这本书应该可以当作指南来用，书中描述的争吵场景实际上在你家里大概都已经发生过，而且肯定还会再次发生。

书中提出的解决方法基于可靠的建议和常识，在解决问题的同时还会告诉你，虽然家庭争吵可能会让你发疯，但最终它们会让你发笑。

这本书大致分为三个章节，每个章节讨论了类似情景的家庭争吵。想知道如何避免用威胁来让孩子们服从吗？就看第一章"我要让这辆车调头！"这一章为解决口角、搬弄是非和家庭混乱等问题提供了解决方案。第二章"叨……叨……叨"中有很多忠告和建议，可以帮助全家人共同合作，来保持家庭运转顺畅。第三章"罪与罚"探讨了这样一些时期：生活、自由以及追求幸福与家规发生了冲突。最后"关于家庭安宁的想法和建议"是一个附录，为维护家庭的理性提供了忠告和有用的建议，包括一份针对不同年龄的家务清单以及一些有关家规的建议。

在争吵中求生

不管你面对的他处在叛逆的儿童期，还是荷尔蒙过剩的青春期，又或者他还是个人见人爱、只会说"不要，不要，不要"的蹒跚学步娃，请记住以下生存技巧，能帮助你度过为人父母的艰难时光。

掌握说话的时机。 有的时候，对孩子们来说最难的就是从对抗中后退，所以你先退一步，让事情变得容易些。

保持沟通渠道畅通。 你的孩子可能会把你逼疯，因为他们有些心事不愿说，或者根本不知道有事儿让他们苦恼。仔细倾听他们对你说的话，让他们先抱怨或者解释清楚，然后你再开口，要么忽略，要么解决他们的问题。有时候，他们需要的只是一个愿意倾听的人。

把怨气通通甩掉。 当孩子们整个下午都在吵架时，你很难不生气。但重要的是甩掉你的怨气，在冲突结束后马上翻篇。孩子们有一种惊人的能力，前一分钟还像老虎一样扭打，下一分钟就快活地转入另一项活动了。你学学他们，转向一个更加美好、快乐的去处。泰然处之，心如止水。

当好行为榜样。 如果你想让孩子全力以赴、得力堪用、互相尊重，成为你的世界里总体优秀而有创造力的公民，那就向他们展示你是如何做到的。你是孩子们最重要的榜样，所以，通过你自己的行动来示范，你希望他们成为怎样的人。

保持幽默感。 当然，孩子们像疯子一样搬弄是非，或者你的儿子想要你付钱来让他打扫自己的房间，此时此刻，这些事都不好玩。但是要记住，现在让你发疯的事情，几年后会成为珍贵的家庭故事。

请记住，尽管作为父母，每一天你都有机会可以说："因为我说了算！"然而你也可以学会使用策略来应对家庭摩擦，学会享受而非忍受为人父母的过程。

CHapter 1

//

我要让这辆车调头！

永远没法说再见

　　你和孩子们正在参加小区的野餐活动，享受着只有家门口的便餐聚会才会有的那份快乐的喧闹。孩子们正在踢球，你兴致勃勃地听着大家谈论小区的新趣闻。生活是美好的。

聚餐逐渐进入尾声，你准备回家了。你找到孩子们，给他们发出"该走了"的信号。有两个小跑过来，气喘吁吁、满头大汗。然而，你那8岁的儿子却假装没注意到你。于是，你开始喊他，他好像突然耳聋了。最后，你走进球场，亲自去把他拎了出来，你那平日里可爱迷人的孩子此时突然变成了《天魔[1]》里的达米安[2]。

他开始争辩，说现在离开太早了，比赛还没有结束，其他人还没有回家。他认为你这样做是不公平的。你语气坚定而友好地告诉他，他玩得很开心你很高兴，但是回家的时间到了，就是现在。

他把球重重地摔在地上，跺着脚，大喊："我不想走！你太残忍了！"然后，他跺着脚朝车子走去，一边挥舞着手臂，一边嘟囔着，说当你的儿子太吃亏了，你跟在后面，

---

[1] 《天魔》（The Omen），一部70年代美国经典恐怖片，讲述了天魔撒旦在人间转世后发生的一系列恐怖事件。——译者注

[2] 达米安（Damien），《天魔》中的主人公，转世人间的天魔撒旦之子。——译者注

端着一碗吃剩的土豆沙拉，心里充满了愧疚。

刚刚发生了什么？如何做才能让孩子听你的而无须大动干戈？

解决方法

大多数孩子都觉得转变很难受，尤其是那些突如其来的转变。孩子的一个伟大之处在于他们能够完全沉浸于所参与的任何活动中。因为他们太专注于当下，所以很难从活动中抽身去做另一件事，尤其是当他们沉醉于活动中时。

所以下回你要提前计划：在准备离开之前把孩子叫过来，私下告诉他你打算离开了。这样可以让他全神贯注地听你说话，避免在他的朋友面前和他发生冲突。告诉他明确的出发倒计时时间。这将给他一点过渡期，让他对自己的处境有一点控制权。与其在朋友面前叫他走，还不如让他自己告诉朋友。

行动指南

· 去参加聚会或活动之前，给孩子们一些相关的时间范围，让他们大致知道你们会待多久，什么时候离开。

- 提前约定一个离开流程。例如，让孩子知道你会给他们一个十分钟提醒，一个五分钟提醒，一个一分钟提醒，然后就要离开。
- 一定要为未遵守离开流程约定一种惩罚。
- 在倒计时结束时，确保你确实离开了——如果你希望孩子们尊重你的规则，你自己先要尊重。

锦囊妙计

你可能会发现，大一点的孩子不需要倒计时，他们可能会讨厌你跑过去对他们说："亲爱的，十分钟提醒。"对他们就换个方法，告诉他们一个大概的离开时间，比如，"记住我们八点半要离开"。这种方法会让大孩子明白，你知道他们会自己留意时间，而且你相信他们会遵守你们约定的时限。如果这个方法不管用，你还可以回到"小屁孩"倒计时。

"我没干！""你也干了！"

  你们一家开车去郊游。孩子们开心地在后座上喋喋不休，你心情大好，感觉这世界实在美妙。你开了一会儿车，心不在焉地听着广播，顺便欣赏着一路风景，这时你听到后座传来了让你讨厌的话"我没干！""你也干了！"

啊，咒语来了！孩子们又在斗嘴了，这会把你逼疯的。此刻目的地突然显得遥不可及。

如何让孩子们停止无休止的琐碎口角？如何让他们自己解决问题，最好是安安静静地解决？

解决方法

取下你的耳机，把广播的音量调高，尽情地大声哼歌，让自己置身事外。孩子们斗嘴是因为他们能这样做，当他们感到无聊、疲倦或者心烦的时候就会拌嘴，或者只是因为这是他们作为兄弟姐妹的权利。他们想要获得关注，哪怕是负面关注，只要能获得关注，他们就可以接受。

　　为人父母最难的事情之一，就是当孩子们争吵时，知道何时该介入，何时该退后。如果你总是在孩子解决不了问题时伸出援手，他们永远也学不会发展必要的社交技能来协商公平使用 PS 游戏机，学不会如何分享芭比娃娃。要是你没有精心安排，甚至不会想方设法自娱自乐十五分钟。而且，不管你在介入的时候多么讲究策略，他们肯定认为你偏心眼。

　　但是，如果孩子们掌握了方法，让他们自己想出解决方案可能会更容易些。毕竟，从孩子的角度来看，撕心裂肺地尖叫"轮到我了，你这个笨蛋"也不是理想的解决方案。

因此，你需要扮演初始仲裁者的角色，帮助孩子们建立一些解决问题的规则，然后让他们自行处理。否则卷入孩子们琐碎争吵的唯一后果就是，他们很快就不会恨对方了，他们会恨你。

行动指南

- 为孩子们设定一些界限，让他们用来自己协商解决方案，包括解决问题的时间限制，以及如果他们不能自行解决问题，每个人将要面临的后果。
- 确保他们知道有关打人或者使用任何暴力行为的规定，以及打架的后果。明确告知他们，如果出手打人了，你会强制兑现这些后果。
- 置身事外，让孩子们自主协商得出一个双方都能接受的解决方案。
- 如果他们不能在规定时间内提出解决办法，就强制兑现你们约定的后果。
- 他们自己把问题解决后，一定要及时表扬。正强化对于重复良好的行为有很大帮助。

请注意，你是在为孩子们提供解决小争吵而非大麻烦的方法。你需要判断，情况对于他们来说是否太过复杂，是否有潜在的危险，是否无法自行解决。如果孩子们之间的冲突事关重大，比如涉及财产损失或者持续的暴力，那么你将不得不介入其中，担起责任来。

晚饭吃什么？

　　你们家晚餐最近千篇一律，太过单调，所以你决定打破炸鸡块、冷冻比萨和炸鱼柳的恶性循环，做一道祖母传授给你的私房菜：自制千层面。你特意去了趟超市，买了你需要的所有食材，花了几个小时做了一顿大餐，结果是完美的。

你的晚餐看起来像橄榄花园[1]的广告，你在想"专业厨师"可能会成为你的新职业。

当你正在憧憬着开办一所自己的烹饪学校时，你的儿子走了进来，问道："晚饭吃什么？"

你自豪地向他展示你那美味的千层面，期待着他的赞美。然而，结果恰恰相反，他说："呃，太恶心了……你知道我讨厌千层面，晚饭一定要吃那个吗？你就不能给我做个三明治吗？"

就这样，你被自己辛苦创作的完美大餐和挑剔的食客给难住了，你不知道下一步该做什么：是给他做个三明治，还是给他下个最后通牒？你是做出让步，为这个不吃你所备餐食的孩子做一顿特别的、定制的晚餐，还是态度坚决地说菜单不能改变，也没有什么替代品？如何让孩子尝试新的食物，吃掉你准备好的晚餐而不致牢骚满腹呢？

---

[1] The Olive Garden，橄榄花园，美国著名的一家意大利风味连锁餐厅。——译者注

全家人一起进餐不仅能促进营养的良好吸收，而且可以经常看到彼此的面孔。研究表明，一起进餐能够促进家庭和谐，减少孩子们的发泄行为。所以，大家坐下来一起吃饭吧！

解决方法

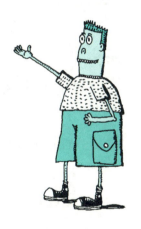

老话说得好，"你不可能每时每刻让每一个人满意"，这句话用在食物上再贴切不过了。当然，如果你能表现得像他们的私人快餐厨师一样，孩子们可能会喜欢。但他们要学会接受不太完美的状况，譬如对付一顿不喜欢的晚饭，或是在某些场合不能随心所欲，都是孩子们需要学习的人生一课。所以，不要仅仅因为孩子们不想吃你做好的这顿饭，就为他们再做一顿特别的饭。

最好和孩子们一起制定一些基本规则，这样他们就会知道你们家有关用餐的规定。尽量让他们参与到餐食计划和餐食准备的过程中，这样他们就有机会，也有发言权来参与决定做什么、吃什么。

你可以设法让每餐至少包含一道你确定的孩子们会喜欢的菜，这样可以让每顿饭都变成双赢的局面。不仅每个人都有自己要吃、喜欢吃的东西，而且他们也会更乐于尝试新食物。此外，你们还可以有更多的时间待在一起——这在如今已经非常难得了。

行动指南

- 和孩子们一起坐下来，让他们知道你们家用餐的总体方针是"一个家庭，一份菜单"，附加几种主要的替代品。如果你知道某些菜肴是个别家庭成员讨厌的或者吃了会过敏的，那就商定一到两种简单健康、易于制作的菜品作为替代，这样能让每个人都感到心情愉快、吃饱喝足。

- 让孩子们参与到这个过程中：允许孩子们在每周菜单中加入一些内容，并让他们选择和准备一些补充菜肴，作为每顿晚餐的一部分。

· 偶尔让孩子们选择他们最喜欢的晚餐，不管你自己有
  多么讨厌吃。

锦囊妙计

　　让孩子尝试新食物的一个方法是做成试吃的分
量：非常小份的、他们一口就能吃掉的量。当盘中
的食物分量尚可应付时，让他们品尝一下就没那么
难。他们可以一直要求再来一点，而且他们不必花
整顿饭的时间来掩饰自己没吃的食物。

最后决定——务必执行

　　你和孩子们正在音像店里挑一些晚上要看的电影。你知道这是一件棘手的事，所以在开始之前你就制定了一些基本规定：孩子们知道可以选择哪些类型的电影，每个孩子可以

选一部，但是如果你出于任何理由认为这部电影不合适，不管它是什么类型，你都保留最终否决权。孩子们同意了，大家就出发了。

你的儿子花了大约五分钟就选好了他的电影。这是一部没完没了的、有关一群小恐龙历险的系列动画片的最新一集。熬过了前十集，你已经迫不及待地想看到这一集，一颗巨大的行星把它们全部毁灭，从而结束你的观影磨难史。但它还是可以接受的片子，于是通过了你的审查。

另一边，你的女儿在做决定时遇到了困难。她把同一张影碟拿起放下五遍之后，终于拿了过来，准备走了。你读了背面的内容介绍，发现电影的内容太过成熟，她并没有做好应对的准备，于是你解释了它为什么不适合的原因，然后予以否决。

你女儿不喜欢被否决，她说："但是这部电影没问题，真的，我所有朋友都看过了。"

你再次否决了它，提醒她你制定的而她也同意了的规定，让她另选一张。她说："但是我真的想要这张。它没问题，真的，没什么不好的。"

否决。"但是我爱看的就只找到这一张！"她撅起嘴来。

否决。"但是这里没有别的电影值得一看了！"噘嘴变成了生气。

否决。"但是我不想要别的电影！我就要这部！"生闷气变成了大叫。

此时，你为儿子选的影碟付了钱，离开了音像店，女儿在你身后大发脾气，仍然一心想让你改变主意，每句话都以"但是"开头！

怎样才能让孩子知道，他们坚持的最后决定不一定总是最好的决定呢？

解决方法

让孩子们知道"不行就是不行"最好的方法就是制定家规，让他们知道有哪些具体规定并严格遵守。不管他们如何抱怨、恳求或者发脾气想让你变通规则，都不能妥协。每个家庭都有一套不同的规则，孩子必定认为你制定的规则太严苛了。但你是根据自己的家庭价值观制定了你们的家规，就要对自己有信心，这是很重要的。你已经做出了正确的选择，为你的家人设定了适当的界限，所以要有信心予以执行。请记住，为人父母的重点不在于受到喜爱，而是受到尊重。坚持执行合理的规定将形成这种尊重，如果只在不惹人不快的前提下才执行，那将不会形成尊重。

行动指南

- 别让步，无论如何你不能同意女儿看这部电影。解释一下你最不喜欢这部电影的哪一点。通过解释否决它的理由，证明你做出的不是一个武断决定，并非意在败坏她的兴致（尽管她多半还是会这么想）。

- 如果可能的话，给你女儿几分钟冷静一下，让她有机会调整自己的情绪，在重新考虑自己的选择后，再回到音像店。你没有破坏规则，而她有机会选择另一部更加合适的电影，所以你俩都没输。

- 如果你的女儿能振作起来，选了一部更好的电影，记得要表扬她选择了合适的电影，做出了正确的决定。

- 如果她在五六分钟后还是无法翻篇，无法做出更好的选择，那就结束此次行程。让她知道机会之窗已经关闭，你希望下次她能做出更好的选择。

生闷气——不断送来的礼物

你的女儿决定花一整天在家里生闷气。你不确定是什么事惹火了她，但很明显，无论你或者他人说什么，都不会让她开心。如果她不开心的话，她就不会让其他任何人开心。

她在屋子里踱来踱去，把烦躁的情绪像病毒一样四处传播。当其他人都受到充分的传染，开始互相攻击时，你无法保持冷静了。你告诉她，在她开心起来之前，远离家中其他人。她看着你，一副很受伤的样子，说："你为什么总是这样心情不好呢？"

现在该怎么办？

解决方法

孩子让你头痛并不意味着他们会为此而高兴，很多情况下，他们确实没有意识到自己的坏情绪是会影响他人的。一般来说孩子们都是非常自我的，他们通常不仅不会故意自找麻烦来让周围的人生气，当他们发现自己并没有情绪不佳的独有权时，反而会大吃一惊，略感恼怒。

不管你的孩子是在茫然无知地

破坏每个人的美好一天，还是在努力让你注意到他的心情有多糟糕，他们所需要的可能是一些积极的关注。但是记住，要有分寸。你不需要花一整个下午追着女儿一遍一遍地问："亲爱的，你怎么了？"但是你可以倾听她的诉说，对她的感受表示理解与认可，努力帮她在当前情形下找到一些积极的因素（无论多么微不足道）。

行动指南

- 当一个积极的观察者。谈谈你是如何看待她的行为的，但不要带着评判的眼光。例如，你可以说："我注意到不管爸爸说什么，你都会不高兴。"

- 认可孩子的观点，不要忽视它或者试图岔开话题，甚至置若罔闻。例如，你可以说："许多事情平时都不会让你心烦，今天好像真惹到你了。你听起来很沮丧。"

- 用积极的措辞来解决消极的问题，并且以某种方式将其与孩子的生活联系起来，不可轻视这些问题。当有助于解决具体问题时，孩子们更容易接受积极的观点。例如，你与其说："我知道你没得到想要的角色很失望，但是振作点儿，还有其他角色呢。"倒不如说："我知道这不是你的第一选择，但是分派给你的这个角色也是一个重大挑战。我知道你能行的。"

· 记住，倾听孩子们的抱怨，认可他们说的话，这不仅能让他们发泄不满，还能帮助他们更加了解自己的感受。这甚至还可以为他们提供线索，让他们知道自己的行为是如何影响其他家庭成员的情绪的。

锦囊妙计

永远不要低估分散注意力的作用，它能让你和孩子从坏情绪中恢复过来。玩盘棋，出门散步，出去吃点东西，去看场电影，有时候只是走出家门就能驱散乌烟瘴气。另外记住，别把孩子们说的话太当成是针对你个人的，这很重要，因为孩子们遇到任何麻烦，都不可避免会说成是你的过错。

可以给我买这个吗？

　　在一家拥挤不堪的食品杂货店里，你的购物清单勾完了，你的耐心也耗尽了。你那坏脾气的学龄前儿童坐在一堆摇摇欲坠的冷冻食品上对你发牢骚，有液体从购物车底部滴了下

来，其他几个孩子跟在购物车后面慢吞吞地走着，间或趁你不注意偷偷把几包富含添加剂的零食塞进购物车。

在拥挤的结账队伍中，你那学龄前儿童忽然看到一个挂在架子上的小玩具，"我可以要这个吗？"你犯了一个致命的错误——把它拿起来仔细查看。不出意外，这是一块垃圾，所以你把它放回去，然后说不行。

回答错误！

你的学龄前儿童就像一座小维苏威火山[1]似的爆发了，又踢又叫"我就要，我就要！"他的分贝高得惊人。你选购的食品杂货有一半还在购物车里，另一半正顺着传送带湿漉漉地运向收银台，眼下马上离开是不可能的。另几个孩子偷偷溜到口香糖贩卖机前，假装和你不是一伙的，而店里的其他人都盯着你，想知道这可怕的喊叫到底是什么情况。

现在，你是退一步给你的学龄前儿童买下这个玩具好让

---

[1] Vesuvius，维苏威火山，一座位于欧洲大陆上的活火山，位于意大利南部那不勒斯湾东海岸。——译者注

他闭嘴呢，还是假装他没有震破你的耳膜，也没有让你觉得自己是世界上最糟糕的家长，硬着头皮完成你的购物？

解决方法

啊哈，考验家长心灵的时刻来了。但是，不管你的学龄前儿童嚎叫的时间有多长，音量有多大，为你不希望重复的行为颁奖，从来都不是一个好主意。你可能认为，不过是买了一个廉价玩具，让自己安静几分钟。但你的学龄前儿童会记得，尖叫让他如愿以偿，可以肯定，他还会故伎重演。

行动指南

- 别给孩子买玩具，这样做只会加深孩子的信念，像警报一样尖叫会让他如愿以偿。另外，别给他提供另一种选择来分散他的注意力。一件求和的礼物跟给他买那件玩具所传递的信息是一样的：尖叫能起作用！

- 别对你的孩子发飙，无论你有多想这么做。他会利用你的焦虑，变本加厉。

- 尽量保持冷静，避免孩子伤害自己。尝试帮孩子找到一些话来描述他的感受。你可以这样说："你看起来很烦恼。你真的很想要那个玩具，对吗？" 认可他想得到什么东西的感受并表示同情，这可能有助于让他冷静下来。

- 别担心别人对你的看法。这回你已经输定了，一半人会很反感，认为你是一个坏家长，因为你没有给儿子买那该死的玩具，买了他就不会尖叫了；另一半人也会很反感，认为你是一个坏家长，因为他在尖叫，你却没有惩罚他。

- 赶紧把那些食品杂货放到传送带上。

从一个学龄前儿童的角度来看，食品杂货店购物这件事完全不公平，因为他必须待在购物车里，看着你做各种好玩的事情。那就让孩子成为这个过程的一部分吧，让他有机会从头到尾参与一次成功的出行。让他来做一些选择，比如买哪种饼干或棒冰，在收银台帮忙搬一些不易碎的食品杂货。让你的小家伙们充分参与其中，他们越忙活，你遇到这种不合时宜的溃败的可能性就越小。

对法官说去

　　暑假已经过去一周了，孩子们整天玩着他们喜欢的游戏："听我说。"他们从早到晚一个接一个地向你走来，幸灾乐祸地互相告状，"妈妈，他说了一句我们不该说的话。

想听吗？""妈妈，她摸我的腿，我说'别那样'，然后不小心打到了她。""可是，是她先叫我笨蛋的！""我拿了那玩意儿，因为我让他分享，他不肯。"你感觉自己就像是家庭版的《法官朱迪》[1]中的主角。如何让孩子们自己解决他们的问题，而不是一直把你牵扯其中呢？

解决方法

尽管孩子们非常喜欢你的全天候关注和介入，但他们同样非常需要学会如何自得其乐，解决自己的问题。如果你总得介入解决他们之间的每一次冲突，或者每当他们感到无聊的时候，你都得想出些好玩的点子，那么他们将永远学不会独立解决问题，学不会自娱自乐。孩子的年龄直接决定了他

---

[1] Judge Judy，《法官朱迪》，美国一档播出超过 20 年的电视法庭秀节目。法官朱迪名为朱迪·辛德林，是纽约市的民事法官。自 1996 年 9 月起，朱迪的法庭被搬上电视，节目中处理的民事诉讼均为真实案例。——译者注

们有多少小报告要打，也决定了父母
多大程度的干预是必要的。如果你面
对的是一群两岁的孩子，那就需要你
给予更多亲历亲为的教育和指导；而
如果你的孩子岁数大些、成熟些，有
能力自己找出解决分歧的方法，那你
可能会轻松些。

　　对于哪些行为可接受，哪些行为不可接受，每个家庭都
应该有一些基本规则，同时也要约定违反规则的明确后果。
制定一份适合你的家庭成员年龄的家规清单，并和所有孩子
一起讨论商定。把清单贴在家里醒目的地方，以便每个人，
无论孩子还是客人，都能参考。

行动指南

- 让孩子学会向你告状之前做一次快速检查，问自己以下问题：

    有人受伤吗？

    是否违反了家规？

    我准备好承担后果了吗？

    我知道后果是什么吗？

    我还要说吗？

- 让大孩子懂得告状也要提前做好分辨和准备。如果有人受伤或违反家规了，这种情况必须及时告知父母；其他情况，他们要尽量自己解决。有时候，孩子们告状仅仅因为告状简单，又不用承担后果。有个好方法可以让他们不这样做，那就是把告状也列入家规，告状内容如有不实要承担严重后果。

- 你的一生中，"解决这个问题"这句话你可能还会再说上成千上万次，但是如果孩子们愿意自己协商争端，靠你来解决问题的情况就会渐渐减少了。

如果孩子们像油和水一样无法相容，你可以试试"三振出局"的规则。在这一规则下，如果你被迫对他们的纠纷已经进行了三次干预，那么，就要给他们每人安排一项任务作为惩罚。明确告诉他们，如果无法独立解决争端，他们要面临的惩罚具体是什么。这样做有助于把解决冲突转化成一场游戏，也让和平相处有了更大的可能。一边扫地或一边叠衣服的时候一起玩耍似乎也很有意思。

太扫兴了

从开学第一天起，你儿子的班级就计划了一次实地观鲸考察旅行。全班花了整整一学年的时间来了解这种巨大的哺乳动物，而你的儿子简直成了一本关于鲸鱼的活百科全书，

从它们吃什么到它们如何产崽，一有机会他就跟大家分享这些细节。你差不多和他一样期待着观鲸旅行，哪怕只是为了餐桌上可以换些别的话题。

最后，观鲸日的清晨来临了，天色阴暗，下着雨。你载着一车兴奋不已的孩子直奔海滩，却发现大海看起来就像《完美风暴》[1] 里的场景。观鲸旅游公司因为天气原因决定取消这次旅行。

每个人都大失所望，但是没有人比你儿子更加失望。当别的孩子已经因为替代计划转忧为喜的时候，他还在那里闷闷不乐、哼哼唧唧，似乎一心要破坏接下来的行程。你该如何帮助孩子学会面对失望，在情况好转时翻篇呢？

解决方法

当计划发生重大变化时，任何人都难免失望，尤其当你为夭折的活动做了大量

---

[1] The Perfect Storm，《完美风暴》，一部美国影片，讲述了 1991 年秋天，人类面对由三个暴风系统组成的、近代史上最强大的海上暴风时所发生的故事。——译者注

准备的情况下。孩子们对失望的反应通常体现了他们的性格，灵活的孩子往往很快就能从计划的突变中解脱出来，顺其自然；而那些想知道下一步到底会发生什么、对计划中的活动非常投入的孩子，一旦计划改变，就会彻底崩溃。

当计划意外改变时，帮助孩子们渡过难关、快速翻篇的最好方法是，立即澄清一个问题：他们之后是否还愿意参加这项被取消的活动？最好为活动确定一个明确的新日期，这样一来，他们就可以对这场错失的活动重续期待，然后将注意力转向当下摆在他们面前的新活动。

当父母看到别的孩子都已经摆脱了失望的情绪，开始加入替代活动的时候，可能很难对自家孩子保持耐心。但是，如果你的孩子难以放下难过情绪，千万别让他们丢面子，尤其别当着朋友的面。让孩子知道，计划改变是令人失望的，这种感觉是正常的。然后，让孩子想一些办法来应对自己的感受。你也许会发现，把他的精力引向设法消解自己的感受，会让他感觉到自己对局面的控制力，这样一来，面对结果时态度就会更加积极。

行动指南

- 把你的儿子带到一边去，或者带到一个更加私密的地方。

- 让他在一个安全而私密的地方发泄一下自己的感情，对他的失望感表示同情。

- 让他想办法处理自己的感受。

- 一定要让他知道活动将会重新安排，如果可能的话，立即确定新活动的日期。

锦囊妙计

　　对一些孩子来说，要紧的未必是这次特定的活动，而是那种知道会发生什么事情、感觉到自己掌控局面的意识，这种意识令他们在计划改变时很难接受。你可以考虑用一些告诫来降低期望值，比如"如果天气还好的话……"或者"我们得看看会发生什么……"。这样，你就不会在不能绝对保证的情况下，做出绝对的承诺。

帮助孩子摆脱困境

你家十几岁的孩子受到朋友的邀请去参加聚会。她几个最好的朋友都已经征得了父母的同意，可以去参加聚会，所以，她出乎意料地答应了你提出的所有要求：了解了是否有家长在场，查到了朋友家长的电话号码，甚至当你打电话确

认她朋友的父母是否会出席聚会时还站在你旁边。

派对之夜到了，你送走了那喷了香水的女儿，她带着你的祝福和手机去见她的朋友们。她离开几小时后，电话响了。电话那头是你女儿，像特工一样对着电话说话。周围一片嘈杂，你几乎听不见她的声音。

"我们去了那个派对，但太无聊了，所以我们就去看电影了。但是我们遇到了另外一些朋友，他们说还有另一个派对，我们就跟他们一道去了。"她低声说道，"现在我们到了这儿，但是事情完全失控了，我谁也不认识，我也不想待在这里。但我不想在朋友面前看起来像个傻瓜。"

你一方面为女儿给你打电话感到自豪，另一方面又为她把自己置于如此愚蠢的境地而怒不可遏。但是你意识到要一次解决一个问题，这是毋庸置疑的。你告诉她走进朋友们所在的房间，拿着手机贴近耳边说："好的，我马上就回家。"那下次呢？你如何确保你的女儿总有办法摆脱困境？

解决方法

确保孩子们有办法离开不自在场合的最好方法就是遵循一句箴言：时刻准备着。

首先，制定一条家规：每当计划有变时，孩子们必须打电话告诉你。然后，和孩子们坐下来，制定一项"逃离约定"，当他们觉得有必要体面地离开时，可以遵此而行。

逃离约定的首要条款是，双方互相信任。第一步对你们来说可能也是最困难的一步，就是双方都同意无论他们是在什么情况下需要离开，打电话向你求助都是安全的。这就意味着你的孩子为什么会在某个他们根本不认识的人家中参加派对，或者为什么他们闻起来好像有薄荷味酒的气息等问题，都需要等他们安然无恙地回到家中，能够理智地讲述他们的经历的时候再来询问。如果孩子们对他们所处的环境感到很不自在，启动了逃离计划，要明确支持他们给你打电话的正确决定，这一点最重要，解释和指责可以待会儿再说。

行动指南

- 在你的孩子晚上出去玩或者和朋友们外出之前，确保

46

他们有办法在需要的时候和你取得联系。

- 想出一个暗号或暗语，用来让你知道他们想要离开当下的环境，而不必在朋友面前直接表明这一点。例如，夹在对话中的"犰狳"表示"快来接我"。
- 如果他们没有手机，确保他们有电话卡并知道如何使用。
- 重申你的原则，如果他们的计划有变，要打电话告诉你。
- 永远心甘情愿作为孩子要离开的借口；明确规定孩子们必须在固定的时间打电话报到；需要的时候他们可以说："如果我 10 点钟还不给家里打电话，下个周末，我那啥都要管、让人喘不过气的爸妈就不让我出门了。"这是一个很好的万能借口，让孩子在朋友面前得以开脱。

锦囊妙计

你是否正在绞尽脑汁地想一个很棒的暗号，让孩子们用于逃离困境？这里有一些靠得住的话，当孩子们陷入困境想不明说就离开时，可以这样说：

- "我真的很累。"

- "我觉得不大舒服。"

- "我答应过会打电话的。"

- "我忘了我们明天得早起。"

- "什么？你要我现在马上回家？"

Chapter 2

叭……叭……叭

一团糟——这就是早餐

　　现在是早上八点，孩子们刚刚终于出门上学去了，你还没开始为上班做准备就觉得仿佛已经在盐矿里劳作了一整天似的。你察看了一下残局：厨房像是被一颗麦片炸弹炸过一

样，尽管你根本不能确定是否真有人吃了早餐；到处都是衣服、鞋子、报纸和早餐用过的盘子；你非常肯定，儿子穿着出门的那件衬衫至少两天没换了；女儿发脾气让你签字的那张今天要交的同意书还放在桌子上，就在她搁下的那个位置；你注意到桌子上还放着不知谁忘带的午餐。又是一个典型的早晨！

不管你起得多早，到了上学的点还是没有一个人准备好，你只能大喊："走啦！快点走啦！"就像一个发狂的牛仔驱赶公牛去集市。怎样才能帮助孩子顺利从家里转移到学校，而不必觉得自己是在演一集美国有线电视台播放的《伯南扎的牛仔》呢？

解决方法

没有什么比一个咆哮的母亲一大早把她的孩子轰出家门更能表达爱意了。孩子们需要学会对自己的私人物品、日程安排、午餐、书包、作业和运动器材负责，但他们不太可能学会在早上醒来到出门上学之间的个把小时里秩序井然，尤其是当他们还是中小学生的时候。

所以，要想改善晨间狂乱的状况，不妨教孩子们在前一天晚上就把事情准备停当，开始的时候帮他们检查一下，确保他真的准备好了。不过你的目标是让你的孩子而不是你，每天早上打理好自己和自己的物品出门上学，所以你要陆续减少并最终停止每晚帮他们检查第二天的东西是不是准备好了。

行动指南

- 和孩子们一起列一份清单，内容包括每个孩子需要准备的物品，比如干净的衣服、牙套、单词拼写卡或乐器。

- 给孩子们指定一个每天晚上摆放物品的地方。如果他们有书包，确保他们每天晚上将书包放在同一个地方，这样就不必等早晨再匆忙寻找了。

- 让孩子们负责收集自己的全部物品。对于刚上小学的孩子，开始的一周可以帮他们核对清单，确保他们确实准备好了。对于还在上幼儿园的孩子，只需让他们记住一件事情，比如头天晚上把他们的文件夹或书包放在指定的地方。

- 经过一周辅助核对清单后，停止检查，让他们自己负责把事情安排妥当。虽然你不用照着清单帮他们挨个核对了，但还是得提醒他们把一切都准备好。

- 如果孩子们又开始丢三落四，或者你的早晨比平日更忙乱，那就重新开始核对清单。

锦囊妙计

已经上初中或高中的孩子可能不太愿意和你坐下来列一张"我的上学必需品"清单，也不会愿意让你头天晚上检查一下书包确保东西都带齐了。这没问题，但你要让大孩子们清楚，他们应该对自己的物品负责，要是他们忘了重要的历史报告，或者在"食堂阿姨休息日"忘带自己的午餐，你也不会出手帮忙。如果他们总是丢三落四或者杂乱无章，是时候进行一次坦诚的亲子对话了，谈谈你可以做些什么才能帮他们最终变得有条有理。有备才能无患。

妈妈，帮我拿一下拖鞋

　　你在家里忙忙碌碌，收拾这儿，打扫那儿。与此同时，孩子们却躺在客厅的沙发上看电视，一副昏昏欲睡的样子。你儿子面前有一个空水杯。当你像一个边跳旋转舞边扫地的托钵僧一样匆匆经过时，他抬头看了一眼说："嘿，妈妈，你正好站着呢，能给我添满水吗？哦，你的头挡住屏幕了。"

　　你突然意识到，不知从何时起，你已经从一家之主降为家务主管了。如何才能让孩子明白，你不是他们的私人签约仆人呢？

解决方法

　　尽管你的孩子们既聪明又出色，可他们不会读心术，而孩子们天生只专注于一件事，就是他们自己。除非受到直接影响，否则孩子们往往只看得到大画面，而非小细节。他们看到的是大屏幕电视和舒适的沙发，而不是沙发上那一堆该

叠的衣物。他们会怎么做呢？把衣服推开，让自己坐得舒服些。

　　让孩子经常干活、帮忙做家务的最好方法是为任务和任务分配提前制定一套常规的计划，让孩子

参与制定计划。有些活是没人想干的，而有些活是有些孩子比较喜欢干的，你要利用好这一点，将需要定期完成以及需要在特定时间内完成的任务合理分配给大家。

行动指南

- 要在考虑到孩子的年龄、能力和特殊情况的前提下，给他们安排具体的任务。如果你的孩子通常会因为运动、学校活动或其他任务而在晚上 7 点才放学回家，那么给他们安排一项必须在工作日完成的家务可能会导致灾难。要现实一点。

- 让孩子们参与任务分配的过程。

- 为任务设定一份完成时间表，并约定按时完成任务的奖励或完不成任务的后果。例如，他们必须在上学前整理床铺、收拾房间，如果完成不了，那他们的起床时间就得提前。

· 要强调一下，任务完成之后才进入闲暇时间。

一开始，这需要大量的监督，但是你越是强调附有奖励的家务计划，孩子们就会越快适应新的程序。这样一来，你就不会觉得自己像家里的女佣了。

锦囊妙计

你希望他们做的家务活达到怎样的效果？你说得越具体，你们双方就更能和谐相处。如果你只是说："打扫你的房间。"你的孩子会看着他的房间回答："它很干净啊。"即使它看起来像龙卷风刮过似的。你可以这样说："铺好你的床，把所有衣服放到衣柜里，把地板上所有的书和纸捡起来整理好，用吸尘器把地板吸干净。"

如果你有件大家务活要干，比如清扫院子、清理车库或者进行春季阁楼大扫除，而且你想让孩子们成为快活的团队成员（至少不是抱怨连天的团队成员），那就为成功而制定计划吧！

· 把任务分成便于操作的几个部分。例如，如果你们要清扫院子，就把它分成四个区域，逐个处理。安排好休息时间，这样孩子们就不会把干活看成是在做苦力了。

· 增添趣味，把干活变成一场竞赛。例如，在清扫院子时进行竞赛，看看大家能以多快的速度清扫完每个区域，为每个区域设定新的目标时间。如果早于设定的时间，可以给孩子们一些小小的奖励。

· 让干活具有价值，事先告诉孩子们，如果完成了这项大任务，大家都能得到犒劳，比如出去吃一顿晚餐或者看一场电影。

我是帮你呀，为什么要付钱？

  你的女儿最近通过了驾照考试，骄傲地拥有了自己的驾照。她喜欢开车的那份自由自在，你也喜欢她可以偶尔开车

送弟弟妹妹去上学。她怀着长途卡车司机的献身精神，在开阔的道路上开始生活，你们都沐浴在汽车尾气和家庭合作的熹光之中。

大概过了一个月左右，你发现每当女儿用过车后，油箱总是空的。你明白了，虽然你的女儿很擅长开车，但她显然不喜欢为这辆车支付任何费用。

当你提到这辆车用的油在任何一个加油站都可以买到时，她生气地说："我开车是为了帮你的忙呀，为什么要付钱？"

你不想失去你的出租车服务，但是小埃恩哈特[1]小姐开车带朋友兜风比开车载家人的时间要长得多，而且你的汽油预算也花光了。

现在该怎么办？

---

[1] Earnhardt, Dale Earnhardt, 戴尔·埃恩哈特，美国著名赛车手。——译者注

解决方法

不管大多数 16 岁的孩子是怎么想的，开家里的车是一种特权，而不是与生俱来的权利。她需要被当作一个成年人来对待，获得了用车权利的同时，也伴随着为家中其他司机着想的责任。如果你的女儿已经到了可以开车的年龄，并且有足够的责任感，值得你将家里的一样财物托付给她，那么她也应该有责任来帮忙维护它，包括保持汽车清洁，避免把车停在可能受到损坏的地方，准时归还并保持车况良好。鉴于女儿确实帮你干了跑腿和接送的差使，作为交换，你也可以考虑她的需求：给她一份汽油津贴支付她为你帮忙花的油费，额外再多给一点。让她用车的条件是还车时油箱里得有足够的汽油。让她知道这条规矩不容商量，如果交车时油箱空空如也，那么她在一段时间内将失去使用车的特权。

行动指南

- 与女儿达成一份协议，把车开回来还给你的时候，车内油量至少要和她开走时相差不多；车子还回来时应该是干净的；保证车子在你需要时随时可用，这就意味着要把钥匙放在一个彼此方便的地方。

- 给她一个月的汽油津贴，用来支付你有可能让她跑腿的每件差使的费用，再外加一点，这样做为你留下了根据差遣和拼车的情况逐月调整的余地。

- 允许她自己支配她的汽油津贴，牢记重要原则：如果她提前花完了津贴，就要靠脚走了。

锦囊妙计

现在大多数加油站都出售加油储值卡。你可以给女儿买这样的卡，如此一来，就可以确保你给的汽油补贴直接进入油箱了。

来自地狱的音乐课

　　你的女儿最近告知你，她将成为一名摇滚明星，财源滚滚，声名远扬。她会用自己的名望和财富来让你安度晚年。现在，唯一的阻碍是她不会弹吉他。她连哄带骗，乞哀告怜，最后你给她买了吉他、乐谱和乐谱架，还报了附近最权威的老师开办的培训班。

上了两周课之后，你的女儿指尖酸痛。她断定弹吉他太难了，她宁愿当一名著名艺术家。让她练琴对你们双方都是惩罚，如今留给你的是一大堆音乐装备以及六个月的吉他课程，后者费用不可退还。你现在怎么办？

解决方法

想一想，曾经多少次你启动了一个宏大的项目然后又放弃了，仅仅因为这个项目当时看起来太不可抗拒了。眼下发生的可能就是这么一回事。大多数孩子需要短期的、可实现的目标来保持他们对宏大愿景的兴趣，他们需要一些即时的成功来保持对学习新技能的积极性。

对于任何大型项目来说，最有机会取得成功的方法是将其分解成小的、可操作的模块，每个模块有明确的开始和结束。对于音乐课程，同意孩子先上五堂课，同时辅之以练习。在这五堂课结束后，重新评估下一步如何做。

练习通常是掌握一项新技能最困难的部分。如果孩子不到 12 岁，他们不太可能会保持自主练习的动力和纪律性。开始时，你要作为啦啦队员参与他的练习，孩子也将会享受和你共度的时光。还有，多数孩子在短时间内表现最好，如果你的孩子每天要练半小时，把它分成每次练习 10 分钟。

行动指南

- 在你做出巨额投资之前，制订一份概述课程要素的短期合同。记住，孩子越小，签约时间要越短。
- 先租乐器，而不是买。
- 家长要参与练习。
- 根据孩子的年龄和你对孩子的了解，保证练习时间的长短是合理的。

- 在合同结束时重新评估下一步该如何做，重复上述步骤并逐渐减少参与练习的时间。

锦囊妙计

努力找到适合孩子的乐器是个好办法，如果孩子没什么耐心，或者在最佳状态下都难以集中注意力，那么从一种能立竿见影的乐器开始，比如钢琴或竖笛，这也许是个好主意。

请注意，许多器乐课程更适合在四年级时开始，因为这个年纪的孩子通常更能集中注意力，并记住他们所学的东西。

另外，和孩子一起上课是你和孩子单独相处的好机会，可以鼓励孩子提高自己的技能，你也可以跟着学些新东西。

钱，付还是不付？

  你儿子想要一辆新自行车，你认为这是教育他要"为了实现目标必须努力工作"的绝佳机会。你同意如果他能筹到一半的钱，余下的由你来付。他走出家门，辛勤地为别人打工挣钱。他给邻居家清扫院子里的落叶，清理车库，还举办个人烘焙展卖，把你的厨房弄得一团糟。与此同时，你自家院子里的落叶堆积如山，车库快要爆满，而他的卧室——好吧，你甚至连想都不愿去想那个房间。

你向儿子指出这一点时，他说："我需要挣钱。如果你想让我在这儿帮忙，你得像别人一样付我钱。"这和当初整个计划开始时你的设想不太一样。你创造了一个怪物，附带一个肮脏的房间以及对金钱的渴望。你现在怎么办？

解决方法

作为家庭的一员就要承担一定的责任，包括维持家庭平稳运转的基本家务。每个家庭成员都该承担起自己的职责，这些职责不是收费服务。根据孩子的年龄，这项职责可以是喂狗、分拣可回收物或者倒垃圾。那些超出基本职责范围的家务可以而且应该是按单付费的，但是只能在基本家务完成之后。

行动指南

- 把家里每个孩子要做的基本家务列一个清单，这些都是无偿的、强制性的家务。

- 把这些家务事项贴在冰箱上或其他醒目的地方，这样无论孩子还是父母，每个人都可以随时参照。要说清楚，在从事任何有报酬的工作之前，必须先按可接受的标准完成这些家务。如果有的家庭成员对赚钱不感兴趣，那么你要说清楚，家务优先于其他一切活动，比如娱乐活动。或者，这些家庭成员必须用干活来为想要的活动或额外的物品买单，比如电影票或糖果。

- 给家中可提供的付费家务列一份清单。提供当前市场价，或者至少接近市场价。比如，查一下邻居们都付了多少钱。

- 让孩子们知道你有优先权，这就意味着要先打扫你们家的车库，然后才是邻居的。

- 给孩子们提供一份"神秘任务"，报酬是确定的（金额要有诱惑力），孩子们在不知道任务具体内容的情况下进行选择。根据你分派家务的时间，每天或每周改变神秘任务，它可以是具有挑战性的（比如清洗窗户），也可以是轻而易举的（比如浇花），让孩子们猜不透。不管结果如何，大多数孩子都抵挡不住一场惊喜的诱惑。

想知道你该给孩子们安排多少家务吗？根据孩子的年龄计算，每两岁算一项日常家务。（也就是说，如果他是十岁，就应该做五项基本的家务，比如铺床、整理自己的房间、把脏衣服放进洗衣篮里、帮忙摆放餐桌或者收拾餐桌，还有倒垃圾。）记住，家务要和年龄相称，你应该不会希望你家五岁的孩子去端祖母的精美瓷器，除非你已经对造成严重破损有了心理准备。你也不会希望这些家务难度过大，以至于没有一项得以完成。

牛仔裤不翼而飞了

　　你的儿子需要一条新裤子，所以你带他出门去买，心想买条牛仔裤花不了多少时间。在去了四家店，试了 80 条牛仔裤后，你才明白儿子比你想象的更加在意身材和外表。最后你发现，他能穿的唯一一条社会可以接受、功能齐全、不易磨损的裤子，比你原本的预算要多出很多。他向你保证会好好穿这条裤子，而你也实在不想再进另一家店了，就把这条裤子买了回来。连续一周，儿子每天都穿这条裤子，然后，它就不见了。几天过去了，你终于忍不住问他裤子去哪里了。他茫然地看着你说："什么裤子？" 你提醒他那 80 条被他否决的牛仔裤之后那一条裤子，还有他那句永远不会让它离开视线的誓言。他耸了耸肩，回头说："哦，是啊，那条裤子。它破了，我在足球训练时把它弄丢了。嘿，我们又得去购物了，因为我现在没裤子穿了。"门"砰"的一声关上了，他消失在你面前。留给你的是一张大额信用卡账单，一条曾经最酷、如今不见踪影的裤子，还有一个让人头疼的问题，如何教孩子对你给他们买的物品负责？

解决方法

让孩子们学会对你买的物品负责的最好方法，是在这个过程中实实在在地赋予他们责任。当你为孩子们买衣服时，提前确定好买衣服的预算，做购买决定时，让他们参与其中，但是也要让他们负责为自己的服装经费做预算。这意味着钱用完了就没了，无论他们买的物品发生了什么情况。

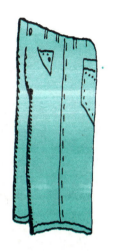

如果孩子弄丢了用置装预算买来的衣服，就只能穿他们的旧衣服。你可以给他们一些机会来赚买新衣服的钱。如果他们能赚到一半的钱，你就主动提出承担另一半的费用，这对你们双方来说都将是个不错的主意。

记住，这样做的目的是教育孩子要负起责任，好好地照看、爱护他们的物品。所以，要是发生了一些他们无法控制的事情（例如放在上锁的储物柜里被偷，或者他们从楼梯上摔下来衣服被刮破了），你就要考虑酌情减轻处罚。

行动指南

- · 确定你希望孩子花费的金额。
- · 为哪些能买、哪些不能买以及相关的责任制定基本准则（比如，新旧替换原则）。
- · 带孩子去购物，让他带上计算器（每次带一个孩子）。
- · 让孩子根据你的意见做出购买决定。

为孩子提供一份置装预算也是一个好方法，让他们开始了解一元钱的价值，以及存钱和投资的好处。一些家长可能会考虑鼓励孩子在置装"账户"里存一小笔钱，过一段时间为本金支付一点利息，用于将来购物。

我待会儿就做——真的！

　　现在是晚上 10:30，你的儿子还没做作业。他下午放学回家时，你问他作业写完了吗，他说："我待会儿就做。"下午 4 点，他踢完足球回来时，你又问了他一次。他说："我

待会儿就做。"下午 7:30，你们吃完晚饭，他在上网时，你再次问了他。他说："我待会儿就做。"晚上 8:30，你坐下来看电视节目时，他和你一道坐在沙发上，你又问了他一遍。他说："我待会儿就做。"

一直到了 10:30，你关掉电视，告诉你儿子该睡觉了。他说："可是我还得做我的家庭作业啊！"

现在怎么办？

解决方法

大多数孩子拖延起来要比做作业更加卖力。毕竟，谁想在有电视看、有游戏玩，还能无所事事的时候去练习单词拼写、解代数题、清理垃圾或者去做任何其他不好玩的事情呢？

孩子们要学会安排自己的时间，并且要懂得分辨轻重缓急，但他们现在还需要你的帮助才能学会这些，尤其是还在上小学或初中的孩子。最容易着手的方法是帮助他们确定一个写家庭作业的固定程序，让他们每天在同一时间

（或者尽可能接近的时间）去同一个安静的地方做作业。

他们可能会抱怨，但是他们将会在固定的程序中茁壮成长。按照固定的时间表在固定的地点学习，有助于他们更加轻松地完成作业。

行动指南

- 和孩子们坐下来，创建一份包括各项活动的日历，从体育训练到正畸牙医的预约，再到学校会议，同时拟定一个家庭作业时间表。
- 让孩子们参与制定时间表，这样他们会对自己的时间表有一种掌控感。
- 把时间表贴在每个人每天都能看到的地方。
- 帮孩子们选择一个适合做作业的地方。避开大家经常要经过的区域，或者那些肯定会让他们分心的地方。
- 提醒孩子遵守作业时间表，但别纠缠不休。他们需要认识到完成作业是自己的责任，而不是你的。
- 让休闲活动建立在完成家庭作业的基础上。例如，在完成家庭作业之前不能看电视，或者周一到周五不能看电视。

要是孩子没有照章办事按时完成作业，该怎么办呢？要让他们知道，虽然你会为了帮他们养成良好的家庭作业习惯做很多努力，但是实际上，做成什么样还是取决于他们。一定要和孩子讨论完不成作业的后果，并确保他们知道，如果没有完成作业，你不会去学校找老师帮他们求情，让他们摆脱困境。对大多数孩子来说，一次课后留堂或者取消课间休息就足以让他们保持高昂的学习积极性了。

我有话要说！

　　晚餐时间到了，你们全家人围坐在餐桌旁一起用餐，就像诺曼·罗克韦尔[1]画作中的场景。孩子们餐具使用得当，

---

[1] Norman Rockwel，诺曼·罗克韦尔，美国 20 世纪早期画家、插画家。——译者注

餐巾铺在膝上，你有点希望邻居或者其他人这时走进来，这样他们就能看到你们是一个多么美好的家庭。

直到你犯了一个战术上的错误，问了一个含糊的问题："那么，你们今天都做了些什么？"家里的每一个人都想告诉你他做了什么，同时扯开嗓门大叫。你耐心地说："轻点儿声，咱们轮流来。"但是显然没人能听到你的声音。你最后只得一拳捶在桌上，说："给我安静！"这才引起了他们的注意，但是这让你觉得自己有点像强盗恶霸之类的，这可不是你想要的角色。

孩子们知道如何轮流说话，如何用不会震聋家人耳朵的音量说话，你也见过他们这样做——尤其是在别人家里。但不知为何，混乱往往发生于你们自家的餐桌上。如何保证不让"家人"在晚餐时失聪或发疯呢？

解决方法

良好的餐桌礼仪需要练习，这不仅仅是学习用哪种叉子或者说"请"和"谢谢"的问题。餐桌礼仪的一项是学会轮流当被关注的焦点。家庭讨论，甚至是成年人之间的讨论，通常都需要主持人来引导对话的走向，确定某人是否发言时间过长，并且推动讨论和提问，避免陷于混乱。既然你是家里餐桌上的成年人，你就需要扮演这样的角色。你要在餐桌上充当主持人，一次指定一个人来讲他们的一天，并规定这个人可以说多久。

行动指南

- 晚餐开始时，将主持人的角色指派给自己。挑一个孩子，问他一个非常具体的问题，比如请他分享一下当天发生在他身上的一件趣事。

- 告诉餐桌上的其他人，第一个孩子讲完之前，大家不可以说话。

- 当那个孩子告诉你一件事之后（坚持只说一件事，而不是由一件事说到另外三件事），让她选择下一个发言者。这有助于孩子参与决策过程，并强化每个人都有机会发言的观念。

· 为孩子可以讨论哪件事设定一些基本准则。例如，孩子可能想聊他做过的一个离奇的梦，但讲述这个梦可能要花上好几个小时，那这种就不适合在餐桌上谈。要让问题有的放矢，而且让孩子们依次参与讨论。

· 最开始你担任家庭讨论的主持人，指定孩子们轮流发言，大约一周之后，给他们一个机会，让他们来掌控餐桌上的谈话，看看他们能否主持讨论。如果说话声音太大，或者哪一位独占讨论的时间太长，你可以介入。

锦囊妙计

你要是能把餐桌礼仪的教学转化为游戏，孩子们就更容易学会。试试"寻找礼仪"这个游戏吧，根据孩子们在餐桌上的表现给他们打分，每当你看到孩子举止优雅时，就给他们加分，每天得分最高的孩子免于清理自己的盘子。

还有一个加强礼仪的游戏是"赞赏游戏"，餐桌上的每个人都有机会赞扬桌上的另一个人，受到赞扬的人要说"谢谢"，然后赞扬另一个人。这个游戏很安静，能帮助孩子们去关注和评论别人的优点。

妈妈，添满我的钱包好吗？

　　你断定孩子已经足够大了，可以干一些非常规的家务活了，应当成为有薪工作方案的一分子。于是你开了一次家庭会议，提出如果他能每周完成一定分量的家务活并且达到你

要求的标准，那么你会支付给他一定的津贴。

　　两周内，你家房子显得前所未有的漂亮，你们全家就像一台运转顺畅的机器般齐心协力。你对津贴这件事的感觉越来越好，特别是当你的孩子比以前更有责任感、更愿意帮忙的时候。"毕竟，"你儿子说，"我们这样做有钱拿。"

　　又过了几周，机器就慢慢开始出故障了。你的唠叨越来越多，他们的帮助却越来越少，你发现自己承担了越来越多你以为已经分配给其他人的事情。

唯一不变的是，每周的发薪日，孩子们都会揣着钱包出现，等着领工资。最后，你受够了，发薪日那天你拒绝发钱。孩子们惊讶地看着你。"可是你欠我们津贴呀！你答应过每周付我们钱的！"

这儿不是工会大厦。你还记得过去那些美好的日子吗？那时津贴还是件新鲜事，每个人都通过工作来获得。怎样才能回到几周前的黄金时代，用诚实的工作换取诚实的报酬呢？

解决方法

孩子们通常不会想到为了一项工作的内在价值而把它做好。如果你的任务是把衣服放到抽屉里，那么是否先叠好又有什么关系呢？结果是一样的，而且花费的时间更少。一般来说，孩子们一心想把活儿干完，然后去做他们手头的事情。如果他们能把一件活儿干得很糟却平安无事，而且还能得到报酬，那就更好了。所以，负起责任来，做真正的雇主该做的事：谈妥一份合同，进行工作评估。明确指出你所期望的工作质量以及需要完成的时间，并设定明确的检查日期和时间。如果工作完成得很糟糕，拒绝付钱；如果干得比你们谈妥的还好，那就给他们加薪。金钱是万能的，它要是有什么变化，孩子们马上会知道。

行动指南

- 和每个孩子签订一份合同，其中包括一份清单，明确每项工作的要求。例如，如果你雇佣他们每周清理你的汽车，清单可以这样写：

  1.清空所有的垃圾、衣服、玩具和书籍。

  2.给全部地板和座位吸尘。

  3.擦干净所有窗户。

- 指定需要完成任务的日期和时间。

- 确保你和孩子双方都签署了合同。

- 按照时间表检查工作，评估工作的完成情况。

如果这项工作的质量不符合标准，一定要具体说明哪些地方需要改善或者需要返工，以使其达到可以接受的水平，然后给孩子们一个纠正并且照样获得报酬的机会。

如果孩子年龄较小，你很难让他们专心做家务，那就把它变成一场竞赛。提出要给他们计时，看看当你数到十的时候（或者一分钟，或者你选择的任何时间），他们能做完多少事情。务必要把时限设得很短，这样他们才能保持兴趣和热情。令人惊讶的是，小孩子们一想到工作的压力，积极性何其高涨。

Chapter 3

第三章

罪与罚

绳之以法

　　你的儿子应邀去他朋友家过夜。离夜宿时间还有几个小时，他朋友来电话问是否可以和他一起去看电影，他们要在一部喜剧片和一部最新的恐怖片之间做选择。你查看了电影的评级和评论，然后判定这部恐怖片恰好是你不想让他看的电影。你对儿子的了解不是一天两天了，你可不想在接下来的一个月里每天晚上都把楼上一半的灯开着，每隔 15 分钟来一次"怪物检查"。所以你告诉他，可以去看喜剧，但不能看恐怖片。

你动用了一切正确的育儿方法：解释你为什么不想让他看，提醒他每次看过恐怖电影都会发生什么事，并向他保证电影院里的喜剧片也同样有趣，就算没那么刺激，他照样能和朋友一起看得很开心。

显然你儿子并不同意你的观点。他甜言蜜语，祈求哀告，闷闷不乐，但是你不为所动。你对自己的决定感到很满意，就连儿子的坏脾气也没有把你打倒。此时此刻，还能有比你更好的家长吗？

过了一会儿，你要去趟商店，就顺路把你儿子送了过去。回到家，你的丈夫告诉你，儿子刚刚打电话来问他能不能看恐怖片，"我告诉他当然可以。听起来很吓人，但他会喜欢的！"

你已经准备好尖叫了。为什么一直都是你在做恶人，怎样才能把家里这个小电影迷对你们的操纵扼杀在摇篮里呢？

解决方法

如果一个家庭中有两个家长，可以肯定的是，孩子们已经找到了利用家长的合作关系来为自己谋利的最佳方式。对于操纵家长的行为，孩子已经很老练了，他们知道哪个家长最可能先屈服，所以他们就会不计后果地去搞定他。为什么不呢？这样就能如愿以偿了。

对于家长来说，不管他们是住在一起还是已经分居，也不管他们的育儿规则有何不同，至关重要的是双方应该就某些关键话题进行讨论并达成共识，比如电影、媒体、性、毒品和学校等，在孩子面前要表现得团结一致。否则，你的孩子总能够在你和另一位家长之间挑拨离间，到头来没有人是赢家。

行动指南

- 与你的伴侣或者孩子的另一位家长就某些与你的家庭以及孩子的年龄相关的情况，设定一些双方都同意的界限。例如，你们会让孩子看些什么电影，他们可以在哪儿过夜，他们可以在外面待到多晚。

- 制定一个方案来应对挑战这些界限的请求。例如，双方达成共识，如果你的儿子要求看一部不一定合适的电影，你将首先咨询另一位家长，并让孩子知道这一点。

- 当这些情况出现时，让你的伴侣知情，让他知道你什么时候对某件事说了"行"或者"不行"，以及你为什么这么说。

- 如果孩子催你做决定，而你还没准备好，请先踩下刹车。你的儿子可能想看恐怖片，你最终可能会让他看，但不是现在。

有一个好办法可以阻止孩子在家长之间挑拨离间，那就是让他们明确这样做的后果。例如：你儿子向你要一种新的电子游戏。你说不行。如果他为了得到一个不同的答复去问另一个家长，那么，他除了失去获得新游戏的机会之外，还要失去他当下最喜欢的那种电子游戏。这样很粗暴，但也很公平，而且会奏效。当孩子们为了逃避干家务，和你说他们的哪个兄弟姐妹从来不用干他们所干的某种活时，这招也顶用。

这不是我的错！

现在是午后时分，你正在享受所有孩子都去上学后才会有的那份安宁与平静。这时电话铃响了，是学校老师打来的，通知你说你的儿子不能坐校车回家，他课后要留堂。

那天下午晚些时候，你接回了一个留堂后闷闷不乐的 11 岁男孩，了解了事情的全部经过，根据他的版本。按你儿子的说法，这个世界充满了迫害，主要是针对他的。他受到了诬陷，说他犯了并没犯的错误。好吧，也许他的确犯了错误，但这不是他的过错。他的老师碰巧听到他用一个难听的名字叫他的朋友，但那是因为他朋友激怒了他，所以这怎么可能是他的错呢？当你指出他的确干了件错事时，他看着你，很受伤，说："可那不是我的错！"

所以你面临这样一个问题：你的孩子确信自己是严重不公的受害者，而不是一宗过错的作案人。你如何帮助孩子学会对自己的行为负责？

解决方法

没有哪位辩护律师能够驳倒一个确信自己蒙冤的孩子，而且肯定会有这样的时候，你的孩子很可能因为没有做过的事情而被捉住。然而，事实往往介于"我与此事无关"和"都是我的错"之间。孩子们要学习的一种关键技能就是为自己的行为承担责任，无论这些行为是好是坏。

很多时候，孩子们把责任推卸给他人，因为他们对自己的处境感到无能为力，他们认为自己是他人决策的受害者。但是，不管与这种处境有关的是发生在学校的事件，还是发生在家里的不当行为，让孩子们明白，他们可以选择，可以决定自己的行动，这就是向他们表明，他们能够控制自己的行为。

行动指南

- 与你的儿子讨论导致事件发生的一系列事情，并关注他的角色——他干了些什么，他做了哪些决定。只关注你儿子的所作所为。

- 在每一阶段，都要询问你的儿子，他原本可以有什么不同的做法。然后问他，如果他那样做了会发生什么。这将帮助他认识到结果可能会因为决定和行动的不同而改变。

- 如果只有你儿子一个人因为这场争吵而在学校受到惩罚，打电话给学校，询问是否可以和老师或校长见个面。

- 在校长面前表示，你赞赏绝不容忍不当行为的做法，并表示对这个处罚的支持。务必询问卷入争吵的每个人是否都承担同样的后果。这会向你的儿子表明，你支持学校有关相应行为的政策以及处罚，但是还要通过确保处罚是否得到了公平执行，让他看到你是他的支持者。

锦囊妙计

　　如果孩子很难承认自己的不当行为，或者很难为下次改变做法提出积极的建议，给他一个机会，让他从当前的局面中暂时抽离。不如让他想象一下你、另一位家长或其他家庭成员在类似的情况下会怎么做，其他人的行为会与他的有什么不同。给孩子一个机会，让他通过想象他人对问题的反应，来让自己与问题保持一定的距离。这样做，你就可以帮他从一个新的视角看待自己的行为。然后，你可以进一步问他，下次可能会做怎样的决定，并将这些决定与他为别人设想的决定进行比较。

对不起，你的时间到了！

　　你给十几岁的儿子设定了门禁时间，可想而知，他觉得不够晚，而你觉得不够早，所以你很肯定这个时间可能刚刚好。

一天晚上，他和朋友出去，在还有 20 分钟就要到门禁时间的时候，他打电话来说会晚一点到家。你问他原因，他说没注意时间，这会儿正要离开。

你不知道如何是好，一方面，你为他打来电话感到自豪，因为现在你就不用担心了；另一方面，他却违反了你制定的门禁时间——不管怎么说，这门禁时间已经比你期望的时间晚了一点。

你该如何解决这个问题呢？

解决方法

门禁时间是双方共同商定的，规定你的孩子晚上可以做些什么事，什么时候必须回家。获准拥有门禁时间意味着你的孩子年龄和责任心都足以让他记住时间，明智地利用时间。拥有门禁时间是一种特权，而不是一种权利。

下一回，确保你已经为紧急情况、深夜活动，尤其是计划改变制定了基本准则。做出一项硬性规定：如果孩子想要延后门禁时间，他就要在足够早的时候给你打电话，这样，要是你不同意的话，他仍然来得及按时回家。如果已经是晚上很晚了，他们的计划突然发生了变化，那就必须打电话给你，让你知道发生了什么变化，他们会去哪儿。这些都是简单的基本准则，没有商量的余地。如果孩子们无法遵守这些准则，就不应当允许他们享有门禁时间的特权。

行动指南

- 感谢孩子打电话告诉你会晚一点点到家——这表明他在努力负起责任来，并且通过打电话来表示尊重你的规定。

- 确定那天晚上他何时会到家。

- 次日重申（或者做出）那项他必须及早打电话，以便来得及回家的应变规定。要说清楚你有一项明确的"两振出局"政策，这次事件是第一"振"。

- 让他知道，如果他不能遵循上述基本准则，那么晚上在无人监督的情况下外出的特权将被取消或者缩短至一个早得多的结束时间。

- 给予他机会，让他证明自己是一个有责任心的人，逐步"挣回"他原本的门禁时间：为你跑腿，按时上学、做家务，等等。

就像大多数孩子抱怨自己的生活方式受到束缚一样，他们也同样感激门禁时间为自己设置的界限。孩子们想要掌控自己的生活，但不是完全掌控。父母的限制给了他们一种感觉，那就是还有人在做他们的后盾。还要记住，随着孩子年龄的增长，随着他们的成熟程度和个人责任感的增强，你需要也希望通过协商来达成新的规则。

为了你的心灵安宁和孩子们的人身安全，确保他们晚上外出时可以使用手机或电话卡。这样的话，如果计划有变，他们就没有不打电话的借口了，而你就会知道他们和你之间只有一个电话的距离。

是天使还是魔鬼

　　你女儿中学的足球队周末要去另一个州参加一次大型比赛。他们在一些家长（没有你）的陪伴下乘坐巴士前往那里，所以你开车送她到指定的集合地点。当球队上车时，你为他们加油，然后回家。你为女儿感到骄傲，希望她们的队伍能赢。

两天后，你的女儿回来了，她很疲倦，但是很高兴。比赛非常精彩，她踢得很棒，大家都过得很开心。但是，当你接到一位家长的电话后，你发现这并不是全部。他告诉你，你的女儿有一套能让水手为之骄傲的说脏话的本事，她花了周末的大部分时间来向周围每个人展示她的功底。

你为女儿在他人面前表现得如此糟糕而深感震惊。她向来是个性情活泼的孩子，但是从来不会公然不守规矩。你如何处理这个事件，并且让你的女儿明白她在外面的行为举止很重要？

解决方法

到了中学时期，先前可爱的孩子们往往会变成从荷尔蒙星球来的生物。他们常常像被无礼的外星人控制了一样走路、说话、穿衣打扮、举手投足。这个年龄段的孩子喜欢冒险和突破界限，当父母不在身边监督而其他家长又不愿意加以管束时，突破这些界限对他们来说就轻而易举了。

对于各个年龄的孩子，尤其是青春期前的孩子，事先设定好你对他行为的期望向来是个好主意。你要再三强调，不管他去哪儿或和谁在一起，你们的家规始终适用。当孩子逐渐长大，开始去一些地方，参加一些你不在场的活动时，这一点就变得愈加重要。青春期前的孩子想得到更多尊重，不想被当作小孩子对待，所以要利用这一点，让他们明白尊重是一条双向道：尊重你和你所制定的规则会得到你的信任作为回报。所以，每次都要为你对孩子的期望设定基本准则，并且让他们清楚，如果无法赢得你的信任，后果会是什么。

行动指南

- 和你的女儿谈谈，听听对于这件事她是怎么说的。一个人所认为的脏话在另一个人的眼中未必就是。

- 让你的女儿知道，不管发生了什么事，一旦人们因她的行为感到不快，就意味着如果想得到别人的尊重，她也

必须尊重别人。

- 说清楚下次出门时你对她的表现有何期望。

- 确保你们双方都清楚行为不端的后果。

- 让她知道，你确信她会在行为举止方面做出适当的改变，强调你的信任对于鼓励她按你的期望行事大有帮助。

锦囊妙计

　　无论孩子多大，他们都不可避免地会用一些让你难为情的措辞。不管你面对的是你家四岁小孩关于屎尿屁的谈话，还是青春期少年的挑逗姿势，教育孩子在公开谈话中哪些话是可以接受的，哪些是不可接受的。这是一项必要且重要的任务，这儿有几种方法可以帮助你的孩子更加了解他们选用的词汇：

　　帮助孩子们记住不同场合应当说恰当的话。让他们知道，如果他们想谈论大便、小便、脏尿布或者任何诸如此类的貌似非常好玩的话题时，他们就得待在厕所里谈。做出这样的规定通常会抑制过多的便便笑话，就算无法抑制，他们总归能到适当的地方去说。

大孩子的措辞往往既丰富多彩又令人讨厌，通常需要强烈的刺激来促使其改变。所以，必须让他们为自己的言语失当买单。和他们一起坐下来，确定你们家禁止使用哪些话语，不管是脏话，还是"闭嘴"之类粗鲁的话。然后设立一项惩罚措施，每当有人（包括你自己）说这种话时，都要受罚。

最后一次警告

　　大热天，你开车载着一车孩子去游泳池，没有人心情愉快。孩子们完全把你逼疯了，为了谁碰了别人的座位，谁占用了别人的空间而争吵不休，总的来说，就是一群十足的讨

厌鬼。你先开口说："孩子们，如果你们不表现好一点，咱们就只能调头回家了。"你希望这招能奏效。结果，完全没用！又是 15 分钟的"我要告发你""我没干，是你干的"以及一阵金鱼饼干雨，你失去了冷静，威胁道："我最后一次警告你们，老实点儿了，如果还有人打架，我就掉头回家，不去游泳了！"

车内沉默了，为时大约一分半钟，一个孩子忍不住又去逗弄另一个孩子，然后一切又从头开始了。

现在你陷入了困境，你不想在那又热又潮的房子里，度过余下的又热又潮的下午时光，但是你也不

想让自己看起来像一个不会兑现威胁的、软弱无能的家长。那你该怎么办呢？

解决方法

你无须做一次脑外科手术就可以想到，要是你为不良行为设定了后果，就必须按照设定执行下去。如果你不执行，孩子们就没有改变行为的动机。毕竟，一遍又一遍地叫喊"再

这样，我就动真格的了"没有任何意义，你和孩子都知道这一点。针对不当行为建立威慑机制的黄金法则是要产生立刻的、恰当的后果。

要是用来威胁孩子的惩罚也会让你吃苦头，那么就换一种惩罚方式。父母手册中没有哪条规定说你必须在管教孩子的同时惩罚自己。当孩子调皮捣蛋时，你很容易反应过度，尤其是在天气炎热，人人都脾气暴躁的时候。因此，在实施惩罚时，闪到一边，但不是往后退。如果你认为自己太过分了或者惩罚过重，那就改变惩罚措施，但仍然要执行，只是别把惩罚设置得连你自己都无法忍受。毕竟，你才是当家的。

行动指南

- 把车停在最近的停车场、休息区或其他安全的地方。

- 告诉孩子们你已经对惩罚改变主意了，因为你不想惩罚他们的同时惩罚自己。

- 向他们解释，新惩罚是马上把车里打扫干净。给他们准备好袋子和清洁用品。

- 如果你的车是干净的，让他们立即把车周围的垃圾捡起来——清扫任何东西都是对不良行为的有力威慑，也是一种社区服务。

- 设一个截止时间，时间到了，就让他们回到车里，继续你们这一天的活动。就算没有起到其他作用，至少你的汽车和世界的一小块将会分别或者同时变得干净一些。

锦囊妙计

为了避免在情绪激动时做出过分的威胁，所以在每一次出行之前，设定你对孩子行为的期望以及不能达到期望的后果。说实在的，孩子们坐在车里一定会为一些事情争吵，所以你要让他们清楚你的忍受程度，以及会有怎样的惩罚。孩子们知道了利害关系，往往能随机应变。

同时，提前做些准备，在你们出门去参加活动或办事之前，花一点时间确保每个人都已经吃饱了，也去过洗手间了，带点儿可以让他们在途中忙活一阵子的东西。这样就为途中的行为设定了一些具体的期望（比如，你不打算停车上厕所或者吃点心），让孩子们和你一道提前计划在车上时该干些什么事，这样，就能让他们在保证旅途顺畅上起到积极的作用。

简易有效的车内娱乐项目

如果你和孩子们没法就听哪个电台达成一致，也没有一本有声书可供孩子们消遣，这儿还有一些各个年龄段的孩子都可以玩的小游戏：

1.我是谁？让孩子模仿他们最喜欢的电视或电影中的角色，其他人猜是哪个角色。

2.地理游戏：一个人先说出一个国家名或地名，下一个人必须用这个名字的最后一个字开头，想出一个国家、城市或水域的名字。

3. 动物猜谜游戏：这是二十问游戏[1]的动物王国版。孩子们轮流想出一种动物，然后回答别人提出来的是非问题，让他们猜这是什么动物。

[1] Twenty Questions，二十问游戏，这个游戏设定一个答者，一个或者数个问者。答者想好一种东西，然后问者通过提问设法猜出这是什么东西。对于每个问题，答者只回答"是"或者"否"。如果提了 20 个问题，还未猜出结果，则判问者输。——译者注

捉贼记

　　你和上小学的女儿出门办事，你在一家便利店停下来买牛奶。当你去找低脂牛奶时，她去了糖果区看最新款的糖果。等你去收银台结账时，女儿拿出一根棒棒糖，央求你买给她："就买这一次，我太饿了，我从来没有吃过这一种，我这辈

114

子再也不会向你要棒棒糖了。"

你拒绝了她，告诉她把糖果放回原处。她开始争辩，然后生气地跺着脚走回糖果区。开车回家的路上，你女儿一反常态地沉默不语。回到家，你刚把车停下，她就飞快地跑回自己的房间去了。你感觉很糟糕，毕竟那只是根棒棒糖而已。

也许你应该让她得到它。你决定去和她谈谈，所以你就上楼去了她的房间。你敲了下门，径直走了进去，发现女儿把最后一点棒棒糖塞进了嘴里。你女儿刚从商店里偷了东西，你却开车逃跑了。证据已经没有了，现在你该怎么办？

解决方法

不管偷窃一根棒棒糖看起来多么微不足道、多么无关紧要，你绝不能容忍任何形式的偷窃，这与物品的大小或孩子的年龄无关。不管你的孩子是因为太小，不知道不该拿才拿了，还是年龄大些，因为想要才拿的，都需要你来设置界限、执行规则，如果你让他们看到规则并非永远适用，将来这种观念就会伴随着他们。

　　尽管你可能既难堪又抓狂，振作起来吧！你身边不大可能有一个初出茅庐的邦妮或克莱德[1]，这只是一个冲动控制尚未发育完全的孩子。因此，利用这个事件作为一个契机来强调你家关于诚实和偷窃的价值观，并且教导她在任何时间、任何地点，以任何理由进行的偷窃都是不可接受的。

[1] 邦妮或克莱德（Bonnie and Clyde），《雌雄大盗》，由美国华纳家庭视频公司于 1967 年发行的犯罪剧情片，根据美国一起真实案件改编，说的是 20 世纪 30 年代经济大萧条时期，女招待邦妮和无业游民克莱德结伙抢劫银行后命丧枪下的故事。——译者注

行动指南

- 给商店打电话，和经理解释一下发生的情况以及你想让孩子学到的教训。

- 看看经理是否愿意参与。你的目的应该是：为棒棒糖付款，让经理强调商店有关偷窃的规定以及你家关于偷窃的价值观。

- 领着你的女儿带着糖果包装纸去商店。

- 当她向收银员解释她偷了棒棒糖并且道歉时，站在她身旁。

- 为棒棒糖付款。

锦囊妙计

　　虽然大多数人喜欢诚实，并对年幼的孩子会非常宽容，需要知道的是，有些商店对入店行窃有着强制的起诉政策，无论作案者的年龄有多小。这就意味着即使经理想让你的孩子摆脱困境，他也做不了主，也就意味着你和你女儿可能会遇到一些法律上的麻烦。

哪儿有烟，哪儿就有说谎者

你得去趟商店，而 10 岁的儿子不想跟你一起去。他已经足够大，可以单独在家待一会儿了，你告诉他可以一个人待着，但是你加了一句常说的警告：别用炉灶，别开门，如果电话响了让电话答录机来回答。

45分钟后，你回到家，发现窗户开着，厨房里飘出明显的烟味。你儿子正坐在沙发上看电视。

你问他发生了什么事，他显得很无辜地看着你，说："什么？什么也没有发生。怎么了？"你指指敞开的窗户以及烟雾，他说："我不知道你在说些什么。"你去了厨房，发现那只仍然很脏的平底锅，你把它拿出来，作为他刚才在烧东西的证据，显而易见，他的手艺不怎么样。

"不是我干的！"他坚持说。你很佩服他的坚韧，尤其是考虑到明知家中只有他一个人，他用过炉灶，还把证据留在了洗碗槽里。

显然，你的儿子在撒谎，而且不愿承认，下一步你该怎么办呢？

解决方法

你知道他在撒谎，他也知道自己在撒谎，所以别急。这不是一集《法律与秩序》，你们双方都知道他的罪名肯定成立。倒不如放弃审问，因为它不会给你带来任何结果，而是接下去了解他的行为所造成的后果。通过关注他做了什么，而不是他说了什么，你就能够触及问题的核心：他违反了你的规定。而后着手教育他为自己的行为负责。

行动指南

- 告诉儿子，你想要相信他在你外出时能够对自己负责，遵守你的家规，但从他的行为中可以看出，你还不能相信他。

- 让他知道在赢回你的信任之前，他再也不能独处了，但要让他明白，他可以马上开始赢回这种信任。如果你不立即给予激励，他就完全没有动力去赢回你的信任了。

- 强制实施一项额外的、立即执行的惩罚，以此强调违反一项重要的房屋与安全规定有多严重。任何惩罚都可以，比如要求他当晚提早上床或者当天做些额外的家务。

- 你的儿子可能会在此时坦白。因为大多数孩子是因为害怕被惩罚而撒谎，一旦他们受到了惩罚，还有什么好撒谎的呢？不管怎样，在你的儿子有机会证明他又值得信任了之前，你对他所采取的不可独处规定不能改变。

孩子们有时候会违反规定，打破界限，因为他们对那些你明令禁止的事情感到好奇，或者他们觉得自己已经足够大了，可以干些你不允许的事情了。所以，如果你的儿子对烹饪很好奇，或者想在家中承担更多责任，那么花点儿时间和他一起做饭，教他做那道他自己偷偷试着做的菜。在你的监督下教他如何使用炉灶，如果他真的对烹饪感兴趣，让他定期帮你准备饭菜。如果他热情高涨，就让他在你的指导下，循序渐进承担起更多的餐食准备和烹调工作。你将教给他重要的技能，帮助他承担更多的责任，同时给他一个机会来赢回你的信任，而你也会在厨房里获得一些帮助。

是啊，随便啦

　　你的女儿需要为即将到来的家庭聚会准备一件礼服，所以你开车带她和她的几个朋友去商场买派对礼服。你女儿在路上解释说，她选这些朋友来陪她是基于她们的时尚感，选中你是基于你有刷信用卡的能力。

就这样，你跟着女儿和她那一群快要进入青春期的伙伴逛商场，在不同的店内停留，找一件她会喜欢也适合家庭场合穿的礼服。沿途，你在一家书店停了下来，答应女儿几分钟后在下一家店见。

当你到那儿时，女儿的朋友们兴奋地把你拉到更衣室。她们找到了完美的礼服！你拉开更衣室的门帘，看到女儿穿得像个 12 岁的维秘模特，黑色紧身胸衣搭配薄裙。她只缺一双细高跟鞋和一条可食用内裤了。

你说："不好意思，穿这套衣服参加家庭聚会不合适。我们得选点儿别的。"她说："啊，很合适！这就是我想要的衣服！"

你说不合适。她说合适。你说："我不会和你争论这件事，我们另外找一套礼服。"

她转向她的朋友们，翻了个白眼，重重叹了口气，说："你们信吗？我不想要别的衣服了，这就是我的完美礼服。不过是啊，随便啦。永远是你想要什么，从来不是我想要什么。非常感谢你毁了我的生活。"她怒气冲冲地离开了更衣室，把你留在了愤怒的余波中，四周是一群任性的即将步入青春期的孩子。

你如何处理这样的顶撞？以后又该如何避免这种状况？

解决方法

对任何人来说，失望都是难以接受的，尤其是对一个青少年来说，而对一个被朋友们簇拥着的青少年来说更是如此。所有这些朋友都对这次活动的成果全心投入。然而，不管发生什么情况，粗鲁和无礼都是不可接受的。

要让孩子知道和你说话粗鲁无礼是不可接受的，最有效的方法就是让他们马上承担这样做的后果。这就意味着，如果你的女儿在商场里对你非常粗鲁，你就立即动身回家。

平安穿越青春期雷区的最重要方法之一就是为每件事制定清晰而简明的指导原则，从哪些行为可以接受到哪些服装适合穿着。在你出门购物、访友或者参加社交活动之前，要让你的孩子非常了解这些指导原则。就算孩子们误解你的可能性很小，请放心，他们会误解的。

行动指南

- 立即停止购物之旅。告诉你的女儿（最好是私底下，在避开她朋友的更衣室里，但是如果有必要，就当着她们所有人的面），和你说话粗鲁无礼是不可接受的，这一天的商场之行就此结束。

- 当你的女儿已经有足够时间从失望或愤怒（她两种皆有，我保证）中恢复过来时，私下和她谈谈你希望她应该怎样和你说话。

- 为购物之旅设定一个新的日期，但是不带她的朋友们同行。没有什么比同龄人在场旁观更有可能引发对抗和顶嘴了。就算没有别的理由，当你在他们的朋友面前维护自己的权威时，你的孩子也需要在朋友面前挽回面子。

无论是去买新衣服还是送孩子去学校，提前制定一些指导原则，说明你认为哪些衣服适合你家孩子穿。这样一来，你的孩子就能提前知道穿哪些衣服是可以接受的，哪些不行。还要记住，尽管你可能并不在意你女儿的丁字裤是否是她衣柜里最显眼的配饰，或者你儿子的裤子让一半的内裤都露在了外面，但是孩子的学校可能有别的想法。如果你搞不清楚孩子该受到怎样的限制，就去学校看看他们的规则，大多数学校都有"禁止露出臀部、胸部和肚子"的规定。

他们的"罪行"，你如何惩罚

　　你们开了一次家庭会议，起草了一份家庭基本规则的清单，比如，"使用能体现互相尊重的措辞""任何东西从哪里拿出来的要放回哪里"，反正就是一些体面家庭常用基

本规则，你认为大多数家庭都该有这样的规则，但是以防万一，你还是写了下来。这也是件好事，因为你女儿在一个特别暴躁的下午，违反了每一条家规。

所以你和女儿坐了下来，讨论违反所有家规的后果应该是什么。她提出这件事的合理后果可以是，在接下来的两天里，不允许她去任何人家里过夜。你十分确定她之所以作此选择，是因为从未有人邀请她去家里过夜。但是你为她自己提出了解决方案感到自豪，而且同意了。

就在当天晚上，你的女儿接到了电话，她受邀第二天晚上去最好的朋友家里过夜。

不出所料，你的女儿想让你取消对她的惩罚，并且决心要千方百计说服你，她和你讨价还价、苦苦哀求、强词争辩，最终为了这件事大发脾气。对她的惩罚突然变成了对你的惩罚，而你并不知道该怎么办。你想坚持你的原则，毕竟，这原本是她的主意，但这样太荒谬了。你现在怎么办？

解决方法

教孩子们接受他们行为的后果是一堂艰难但必要的课，作为家长的部分职责就是扮演一个非常不受欢迎的规则执行者。当然，当孩子们因为惹上了麻烦而错过了一些好玩的事情时，他们会很难受，但是管这叫作"惩罚"，不是没有理由的。

让孩子们参与执行纪律的过程是很好的做法，毕竟，"纪律(discipline)"一词的含义之一就是"学习"。但是，当你们坐在一起决定违反规定的后果应该是什么时，要确保孩子们理解具体的细节，例如何时开始，何时结束，需要做什么。可以考虑写下来，贴在冰箱上，这样每个人都能看到并且记住，你们就什么事情达成了一致。

你可能会发现，当你让孩子们来帮你决定他们应当受到怎样的惩罚时，其结果会比你自己设想的严厉许多。帮你的孩子们调整这类惩罚的力度，譬如"不许我在夏天剩余时间里出去玩"，让它看上去更加通情达理。

接下来，要是你的孩子牢骚满腹，抱怨惩罚，或者因为惩罚影响了他们想干的事情而要反悔时，不要妥协，坚持你的立场。和他们说清楚，既然他们已经足够成熟，可以帮你决定惩罚方式，也该足够成熟，可以接受惩罚了。

行动指南

- 一起决定应该承担什么惩罚。

- 详细说明具体细节：何时开始、何时结束、持续多长
  时间以及撤销哪些特权。

- 把惩罚细节贴在每个人都能看到的地方，并且记住内
  容是什么。

- 冷静而坚定地执行惩罚。记住，你是孩子们的家长，
  不是他们的朋友。你是在向孩子们表明你言出必行，
  这对他们将来很重要。

- 当惩罚结束后，此事了结，翻篇。

想知道你的家规应该是怎样的吗？先从基本规

则出发，把它们贴在每个人（不仅仅是孩子）每天

都能看到的地方。只要把它们放在常见的地方，就能提醒你的所有家人，你们是有规矩的。以下是一些标准家规清单：

- 成年人说了算，不要对他们的决定提出异议。
- 使用尊重他人的语言：不许骂人，不许说脏话。
- 要求你做什么就做什么，不可抱怨。
- 把你拿出来的东西收拾好，放回原处。
- 记住，我们是一个团队！

APPENDIX

关于家庭安宁的想法和建议

虽然以孩子为中心的争吵像红眼病一样不可避免，但是处理家庭冲突的最佳方式还是尽量完全避免它们发生。这一部分是有关如何在潜在的问题出现之前避开它们，如何维持你家的安宁，保持你的理智等一揽子建议和想法。你会找到各种各样的建议，从如何建立一套家务体系，到如何在不退让的情况下避免与孩子发生冲突，还包括如何为你的家庭建立一套规则的一些想法，以及一些有助于改善家庭沟通的游戏和活动。

要记住，无论你多么努力地想成为一个完美的家长，无论你多么爱你的孩子，你还是会时不时地对他们大喊大叫，并且为此感到很难受。他们可能会打架、告状，偶尔干一些

淘气的事，然后撒谎否认，在帮你干了些你每周每天都要白干的活儿之后，要求你付他们工钱。家庭就是这样运转的，没有任何家庭是完美的。所以放松一些，你已经做得很好了。

家务活

　　虽然孩子们对于帮忙做家务会有怨言，但是实际上给他们分派家务是在帮他们的忙。研究表明，即使是简单的、常规的家庭职责也能增强孩子的自尊和自信，并有助于他们与家人建立更紧密的关系。所以，如果你认为给孩子分派家务只是意味着有人帮你扫一下地，那你就要再想想了。

那么，如何让孩子快乐地增强他们的自尊和自信，并与你的家庭建立紧密关系呢？

分派给他们的家务活和你的期望值以及他们的年龄相称：一个10岁的孩子比起他4岁的弟弟显然能够更好地完成大部分家务，而且通常还能完成更加复杂的任务。但是别指望哪个孩子能把活儿干得很专业，你要对他们能干些什么以及完成质量抱有现实的期望。要记住，"还行"通常就是"还行"。如果你想要一间专业清洁人士打扫过的房子，那就去雇一个专业人士。

给孩子示范你的要求：对大多数孩子来说，最好的学习方式就是"观察—练习—动手实践"。如果孩子们从来没有用耙子清扫过院子，你就不能指望他们知道怎样干好这件事。所以，给他们示范你希望他们怎么做，一步一步地干一遍你想要孩子们干的事，先让他们看怎么做，然后和他们一起做，最后让他们在你的监督下自

136

己去做。最终，他们会在没有持续监督的情况下完成大部分工作。

你想要他们完成什么工作，把具体的步骤写下来，贴在某个地方，让孩子们每一次都能参考查阅，或者用照片来展示工作完成后应该是怎样的，这样他们就有了参考标准。这通常会是一个好办法。

让孩子知道他们做得很好：当然，他们铺的床有点凹凸不平，耙草漏了几处，但他们已经尽了最大努力。所以告诉孩子们，让他们知道，你为他们的努力感到骄傲，你已经注意到了他们的劳动以及对家庭的贡献。记住，一点点积极的肯定能够起到很大的作用，无论其形式是一份奖品还是几句热情的赞赏。

让孩子承担起为家庭干活的责任：当你和孩子们忙于上学、运动或者其他活动时，很容易忽略家务劳动。然而，你就此放弃让孩子们参与家务，为了图快自己把活儿干掉，或者经常让孩子蒙混过关，这对任何人都没有好处。和孩子签订一份正式或非正式的合同是个好主意，合同规定能否参加特别活动和课外嬉戏取决于他们是否已经完成了每天或者每周的家务劳动。许多家庭都会写一份家务劳动合同，并把它张贴出来，提醒大家在其他更有趣的事情出现之前，需要先干些什么家务。

记住，这不是一件轻松事：你可能认为给孩子分派家务意味着你可以少干些活，事实上，要知道你仍然会花费大量时间和精力来推动与监督孩子们的进展。坚持这样做，你不仅会让孩子们知道，作为家庭的一员意味着每个人都要为维持家庭运转做出贡献，而且你也用行动向孩子们展示了良好的育儿之道。

对于家务活的建议

以下是一些不同年龄的孩子能够完成的日常家务。请注

意，这些建议是基于很笼统的成长阶段，所以仅仅是针对儿童的指导原则。你的孩子可能成长得特别好，因而有能力做比表中所示更多的事情。

3 ~ 6 岁的孩子

（请注意，分派给 3 岁孩子的任何任务都需要有人在旁小心照看）

- 把餐巾或勺子摆在桌子上
- 把冰箱里的塑料调味品拿到桌子上
- 将待洗衣物按颜色分类
- 按颜色或者功用对玩具进行分类
- 整理散落的玩具，按照指示把它们放在玩具箱或篮子里
- 按照功用给儿童餐具分类：叉子、刀和勺子
- 摆好床上的枕头或毛绒玩具等
- 收拾好自己的睡衣
- 给家里的植物浇水
- 把脏衣服放入洗衣篮

6 ~ 8 岁的孩子

上述所有家务再加上：

- 把银制餐具放在餐桌上（注意，大多数 6 岁的孩子需要帮助才能正确摆放）
- 收拾桌子上的非易碎品
- 喂宠物
- 按照指示收拾玩具、整理房间
- 在他人的帮助下整理床铺
- 在有人指导和照看下帮忙清理汽车上的垃圾和玩具

8 ~ 10 岁的孩子

上述所有家务再加上：

- 摆放餐桌
- 清理餐桌
- 扫地
- 使用吸尘器
- 打扫房间（在有人指导下）
- 在他人帮助下堆叠木柴
- 倒垃圾

- 清洗窗户
- 清空洗碗机里的碗碟

10 岁以上的孩子

上述所有家务再加上：

- 铲雪
- 耙落叶
- 给草坪洒水
- 在花坛上种花除草
- 在有人细心照看下使用割草机
- 在有人照看下使用无毒清洁剂
- 在有人照看下使用熨斗

家规

　　想知道如何把你的家庭凝聚成一个团结、快乐的队伍，作为一个团队来面对这个世界吗？制定一套家规对于构建积极的家庭动力大有帮助。以下这些步骤可以用来创建一份适用于你的家规：

1. 和孩子们一起坐下来，讨论你们心目中家庭面临的最重要的问题。(例如，受其他家庭成员的尊重，保持房间整洁，要诚实等。)

2. 起草一份简短的清单，列出大家都愿意遵守的规定，并确保家中的每个人都理解做出这些规定的理由。这份清单必须足够短，以便家中的每个人都能遵守所有的规定。一般而言，一份包含20条不同家庭行为准则的规章是没有人能够遵守的。

3. 规定必须足够具体，这样每个人都能遵守规定，做好事情。例如，如果家庭的一项首要任务是保持房屋整洁，规定就不应该是"打扫房间"，而是"把你玩过的玩具捡起来"。

4. 明确违反规定的后果。如果孩子们知道违反规定存有风险，就更可能循规蹈矩。

5. 把规定以及违反规定的后果写下来，张贴在每个人都能看到的地方，供每天参考。

6. 始终如一地执行规定。规定如果一天一个样是会让孩子们感到困惑的。

以下是一些针对家规的行之有效而且经过时间考验的建议：

· 使用尊重他人的语言

· 把你玩过或用过的东西放回原处（比如，烹调、打扫等所用的物品）

· 离开房间时，把灯关上

· 当别人为你做了有助于你的事时，要表示谢意

· 要原谅别人

· 该道歉时要道歉

· 要说实话

· 要有团队精神

锦囊妙计

　　不管孩子们承认与否，他们都喜欢规则。他们茁壮成长于规则在生活中带来的秩序感中。虽然他们也想看看自己能在多大程度上突破成年人为他们设定的界限，但也正是这些界限让他们感到安全。

避免一决胜负的方法：
知道何时叫停

　　如果孩子们觉得自己无法控制局面，你和孩子们之间看似微不足道的争吵就会很快升级为重大的权力斗争。你可以学着后退一步，从对抗中抽身而出，避免这些激烈争吵。后退一步并不意味着让步，你不必默许生闷气少年的怪念头，或者让你的学步娃爬到你头上。相反，这意味着保持你的冷静，提供选项，为孩子们准备一种摆脱潜在的不稳定局面的方法，而这正是他们通常靠自己无法做到的事。根据孩子的年龄，这儿有一些避免与他们发生正面冲突的方法。

年龄较小的儿童（3～8岁）

过渡时间，比如准备睡觉、上学或吃饭，对幼儿来说通常是最难面对的，因为这意味着要从一项活动中抽身去干另一件事，时间安排通常都不合他们的意。如果你处于一种可能导致对抗的情况下，要确保自己不用一些开放性的反问句，这可能会引发一场权力斗争。例如，对你5岁的孩子说："你准备好睡觉了吗？"就相当于在乞求一场战斗。相反，让孩子在两个非常具体的选项当中做出选择，这两个选项都与你想让他们做的事有关，像"今天晚上你想先穿睡衣还是先刷牙"这样的问题会让孩子明白，现在是睡觉时间，他要去睡觉了，你掌控大局。但是可以做选择这件事也为他提供了一种自我掌控的方式。

年龄较大的儿童（8岁以上）

大一点的孩子会尽其所能地挑战底线，你的反应越强烈，他们的控制力就越弱，因而反抗就越强。你只需抽身而出就能避免翻来覆去地说"这儿谁说了算？"保持冷静。让孩子们知道你注意到了他们的感受，但你不会陷入其中。例如，如果你的女儿因为你不允许她在上学日的晚上去看电影而感到很失望，想找你吵一架。你可以说："我知道你因为不能去看电影而不高兴，想跟我吵，但我不会和你吵。"然后坚持自己的决定。别在她的情绪冷静下来之前重新卷入事端。当你的女儿平静下来之后，和她谈谈为什么这么生气，让她想一些表达这些感受的更好方式。

促进家庭和谐的游戏和活动

　　如果你正在努力寻找改善家庭成员间互动的方法，或者只是想一起玩一些有趣的传统家庭游戏，那么就试试这些促进家庭成员之间积极交流的游戏和活动吧，你们可能会惊讶

于对彼此的了解。

字谜游戏

这是一个古老而有趣的游戏，它能促进健康和积极的家庭互动。每个年龄段的孩子都可以玩字谜游戏。这个游戏，让家庭中的每个人都能够被其他家庭成员看见和听见，成为他们注视的对象，让每个家庭成员以一种积极、有趣的方式成为关注的中心。

把参加者分成两组。每个小组想出一些所有家庭成员都熟悉的电影、书籍或电视节目的名称，写在纸片上，然后把纸片收集起来放在帽子或者碗里。每组队员轮流从帽子中抽出纸片，不出声只用动作来表演这个名称，同时计时。花时间最少猜中结果的一组获胜。

名字游戏

这个游戏类似于字谜游戏，但不需要任何表演。参加者被分成两组，每组写下你的家人熟知的人物名字，可以是演员、体育人物、卡通人物、邻居等，任何一个家人能够辨识的人。所有的名字写好都放在一顶帽子里。每组队员轮流从帽子里取出名字。抽到名字的玩家描述这个名字所代表的人或角色，但是不能提到名字，此时
队友要猜出这是谁。每组每轮用一
分钟的时间猜出尽可能多的名字。
在五轮比赛中猜中名字最多的组
获胜。

"依我所见"

这个游戏的目的是让孩子们向你展示他是如何看待你们
的家庭的，以及他希望这个家庭什么样。每个孩子都有一个
当导演的机会，导演根据他对每个家庭角色的看法，告诉每
个家庭成员该做什么。例如，如果孩子认为父母在家中的角
色应该是这样的话，他可能会让一位家长站在远离所有人的
角落里，完成一项不能被别人打断的任务，或者让另一位家
长疯狂地在房间里跑来跑去，要不就静静地坐在那里，膝头
坐着一个孩子。让家里的每个孩子都当一次导演，把他所见
的其他家庭成员的角色指派给他。当所有孩子都轮过之后，
花点时间谈谈他们对当前大家互动方式的感受，以及他们希
望的互动方式。然后让你的孩子分配角色，来创造他们想要
的家庭的样子。

将心比心

教导孩子尊重和容忍别人的一个好方法是鼓励他们"换位思考"。让他们在心中和家里的另一个人交换一下角色，并且根据新角色的行为来提问题。作为家里最大的孩子，要承担更多的责任，他们有怎样的感觉？他们会希望自己的弟弟妹妹不打招呼就从他们的房间里拿走东西吗？作为家中最小的孩子，或者家中唯一的女孩，或者独生子女会是什么样子呢？他们希望家里的其他人注意到自己身上的什么东西？这是一个孩子们玩得非常好的游戏。你可能会惊讶于当他们站在别人的立场上思考时，给出的复杂而体贴的问答。

轻松应对孩子带来的挑战：争吵和闯祸

下

[美] 罗莉·伯金坎　　史蒂夫·阿特金斯　著
　　Lauri Berkenkamp　　Steven C. Atkins

虞　然　　梁　田　译

山西出版传媒集团　　山西人民出版社

图书在版编目（CIP）数据

轻松应对孩子带来的挑战 ：争吵和闯祸 ／（美）罗莉·伯金坎，（美）史蒂夫·阿特金斯著；虞然，梁田译.
—— 太原：山西人民出版社，2021.7
ISBN 978-7-203-11758-2

Ⅰ.①轻… Ⅱ.①罗… ②史… ③虞… ④梁…
Ⅲ.①儿童教育－家庭教育 Ⅳ.① G782

中国版本图书馆 CIP 数据核字 (2021) 第 110765 号

山西省版权局著作权合同登记图字：04-2021-002

轻松应对孩子带来的挑战 ：争吵和闯祸

著　　者：	(美)罗莉·伯金坎　(美)史蒂夫·阿特金斯
译　　者：	虞　然　梁　田
责任编辑：	贾　娟
复　　审：	傅晓红
终　　审：	梁晋华
装帧设计：	蒋宏工作室
出 版 者：	山西出版传媒集团·山西人民出版社
地　　址：	太原市建设南路21号
邮　　编：	030012
发行营销：	0351-4922220　4955996　4956039　4922127（传真）
天猫官网：	https://sxrmcbs.tmall.com　电话:0351-4922159
E—mail：	sxskcb@163.com　发行部
	sxskcb@126.com　总编室
网　　址：	www.sxskcb.com

经 销 者：	山西出版传媒集团·山西人民出版社
承 印 厂：	天津旭丰源印刷有限公司
开　　本：	889mm×1194mm　1/32
印　　张：	9.5
字　　数：	150千字
印　　数：	1—8000册
版　　次：	2021年7月　第1版
印　　次：	2021年7月　第1次印刷
书　　号：	ISBN 978-7-203-11758-2
定　　价：	49.80元

如有印装质量问题请与本社联系调换

PRAISE

赞誉

不论你家孩子是舔了结冰的旗杆舌头被粘住了，还是玩仙人掌扎了一手刺，这本书里都有应急的办法。对爸爸妈妈或任何需要随时救助卡在马桶圈里的熊孩子的家庭来说，这本书都是最棒的礼物。

——蒂姆·拜特

幽默专栏作家和三个孩子的父亲

这本书是所有有孩子的家庭都需要的育儿神器。作者罗莉·伯金坎为父母们提供了应对孩子们制造的五花八门的灾难现场的各种救急方案。她为大家提供了明确的说明，使用的救灾物品都是家中常备的花生酱、剪刀和白胶等。绝望的父母们看到书中提到的各类常见灾难以及解决方案肯定会兴奋不已。既中肯又家常的表达方式配上活泼的插图，这本书必须大卖。

——南希·纳什·卡明

全国联合专栏作家《找到它，弄干净，再修好它》作者之一

TABLE OF CONTENTS

目 录 //

1

来，看镜头，说"茄子"

今天是学校的照相日。（注：每学期就这么一天，学校请专业摄影师来给孩子们和老师拍照，当然，照片是家长埋单。）可是，当儿子坐下来吃早餐时，你忽然注意到他头上粘着什么东西，他的头发像臭鼬的尾巴那样蓬起来，看上去很糟糕。

"哦，那是口香糖，"他一边随口回答你的问题，一边抓了抓自己的头发，还转过头来给你看他另一侧的脸上和耳朵上也粘上了。"我不小心睡在口香糖上了，你看看我的枕头就知道了。"

你马上开始焦虑了，"儿子睡在口香糖上"造成的后果——"肯定照不成相了吧"，因为之前确实有过摄影师拒绝给个别太邋遢的孩子拍照的案例。你随即开始纠结，是去抓剪刀帮他马上修理一下头发，还是去抓手机拍下这款让人哭笑不得的独特造型？不管怎么说，每个成长瞬间都值得记录。

　　这些情景其实对大部分家庭来说都很常见，这本书就是专门拯救陷于各种窘迫灾情的父母们的。书中包含了一切常见和不常见的孩子们闯的祸，详细地涵盖了日常生活中的各

种痛苦，从孩子把马桶堵了，到把脑袋卡到栏杆中间了，作者都提供了行之有效的常识性解决方案、重要的提示，以及一些有趣的信息，这些都是你在为人父母之前从未想过自己会需要的。

本书使用说明

本书真的应该作为指南。书中所涉及的灾情也许在你家已经发生过，而且肯定会再次发生，请相信，本书中各类解决方案都是基于专业救灾人士和经验丰富的父母的建议，他们承认，虽然应对与孩子有关的各类窘迫会让你发疯，但最终也会让你开怀大笑。

本书分为四个章节来处理有关孩子闯的祸，方便你随时对症应用。比如，孩子用 502 胶水做手工，结果把自己两只手粘在一起了，或者不小心把口香糖弄到头发上了，请阅读第一章专门针对与身体有关的日常灾难。第二章是特别针对孩子造成的各类管道堵塞和设备损毁，比如就要溢出来的马桶和堵塞的垃圾处理机。第三章可以帮助你解决在房屋内部产生的各种灾难，从地毯上的污渍到墙上抠出的大洞小洞。第四章负责处理外部灾难，孩子在户外活动时，会出现打碎玻璃窗、自行车掉链子了等状况。

　　做父母的日子里，无论在你努力擦拭白天孩子们在墙上的胡写乱画时，还是在你满怀悲愤地凝视你最喜欢的那盏台灯时，呃，好吧，台灯的碎片，这本书都会陪伴着你，随时拯救你于水火之中，或帮助你为即将发生的任何事情做好准备。无论是扔上来的、掉下去的、还是卡在那儿的……灾难。

ChapTer 1

我告诉过你别碰那个！

扎了一手仙人掌刺

你去附近的花卉市场买些栽花的土，孩子们问他们能不能去温室看看那些奇异的植物。"去吧去吧！"你顺嘴回答着，心里嘀咕反正就是一些植物而已，能惹出什么麻烦呢？！

事实证明，你错了，看一眼植物也能惹很多麻烦。当你在收银台结账的时候，女儿走过来，呜咽着说："妈妈，我不小心摸了一把仙人掌。"随后伸出她那只扎满了几百个小毛刺的手给你，你努力让自己没有当众歇斯底里。一个原本其乐融融、轻松休闲的下午自动切换到专心拔刺状态，并且伴随着熊孩子的鬼哭狼嚎。

你会用到的东西

- 透明胶带
- 镊子
- 白色家用胶水
- 医用酒精棒或者碘伏
- 温水

你应该怎么做

遇到扎了刺，有时运气不坏，能很明显看到刺，可以试试用透明胶带轻轻粘下来；有些刺
虽然能看到，但扎得太深，胶带就
不管用了，只能用镊子一根一根地
拔出来。尽量别用针尖儿去挑，挑
刺容易引起感染，孩子们也害怕针。
无论如何，在取刺的过程中，都要
特别小心，尽量别把刺弄断，不然留半截在皮肤里，也容易
感染。

很多仙人掌，特别是花卉市场里卖的那些品种，会有极
细小、几乎看不见的刺，扎到皮肤上特别不好找，而且很难
去除。遇上这种情况时，可以在伤处拿家用的白胶水厚厚地
涂上一层，等它干了，再小心地把那层胶膜从皮肤上剥下来，
那些小毛刺也会被带出来。要是一次没弄干净，可以重复操
作几遍，直到拔干净。

拔完刺之后，用碘伏或
者酒精等对伤口进行消毒，
不需要包扎。随后几天，注
意观察，主要看有没有发红
或者肿胀，如果发红和肿胀

说明伤口有真菌感染，需要找医生处理。

有趣的 Tips

　　以上方法也适用于日常被其他刺扎到的情况，比如不小心掉进了树莓丛或者玫瑰丛，或者无意中抓了螃蟹草，甚至平时扎了任何小刺。如果刺完全进入了皮肤下面，就可以果断放弃镊子、胶带或胶水，试试浸泡法：每天在清洁的温水里泡个三四次，每次五分钟左右，通常刺会吸水膨胀，拱出皮肤表面，就比较容易用镊子拔出来。

▌ 豆子卡在鼻孔里了

你带着孩子在超市买东西。挑咖啡豆的时候，你忽然想起家里的卫生纸用完了，第三通道后面的货架上应该就有，你让儿子看好手推车，留在这儿继续装咖啡豆，你赶快去拿

一袋卫生纸来。等你回来的时候，你发现儿子有点躲躲闪闪，像兔子一样抽动着鼻子。随后，他带着奇怪的表情转过脸来说："妈妈，我刚才把咖啡豆放进鼻子里，再用力射出来，可是，好像有一颗弄不出来了。"你开始纳闷，为什么不等他睡着了自己一个人出来买东西？！

你会用到的东西

· 细小的平头镊子（你看得到鼻腔里的豆子，可是用手指够不到的时候使用）

你应该怎么做

记住，如果东西卡在鼻子里，最大的风险不是没弄出来，而是把它推得更靠里了。如果看不到豆子，或者孩子看上去很疼的样子，就应该去医院求助专业医生。

如果豆子（或其他异物）卡的位置比较靠外，一下就可以很清楚地看见，那么最简单的办法是用手指堵住另外一个鼻孔，只留下塞了东西的鼻孔使劲儿往外出气。在异物没有出来之前，鼓励孩子用嘴呼吸，这样可以避免把豆子吸到鼻腔更深处。

如果你能看到豆子，但手指仍然够不到，可以慢慢地小心地用平头镊子伸进去把豆子夹出来。

还有一种情况是，豆子很大，卡得倒也不深，也许看不见但你能摸到它，这时可以轻轻地按压孩子的鼻梁，从上向下，从鼻根到鼻孔方向轻轻地推动，然后再用手指堵住没有豆子的那个鼻孔让孩子向外出气，把豆子吹出鼻腔。要是孩子疼得厉害，就不要自己处理，尽快去医院找医生。

调查显示

　　豆子卡在鼻子里也许听上去有点荒唐，但其实很常见。调查中，80% 的父母表示自己的孩子至少有过一次把异物卡在鼻子或耳朵里必须得掏出来的经历。异物的范围你可以尽情想象，包括但不限于小石头、发卡上的珠子、生菜、水果丁或者大米。

耳朵里进了虫子

　　全家一起外出露营时，也许你遇见过这样的情形：你正忙着在酒精炉上准备食物，小女儿忽然跑过来惊慌失措地说："呃，妈妈，我耳朵里飞进去了一只小蛾子！"你故

作镇定地指挥她使劲儿摇晃头，想试试看能不能把蛾子甩出来，可是很不幸，并没奏效。这种情况营地手册里是没有说明的，你该怎么办呢？

你会用到的东西

- 手电筒
- 毯子（如果没有光线比较暗的房间可去的话）
- 毛巾
- 水壶或者其他容器
- 温水

你应该怎么做

很神奇但确实有效的办法：你可以尽快把孩子领到一个特别黑的地方，比如储藏室、浴室，实在不行钻进睡袋或毯子里，最大限度地遮挡光源，然后拿手电直接照进她的耳朵，蛾子看见黑暗中的光就会顺着光飞出来。如果这个不起作用，

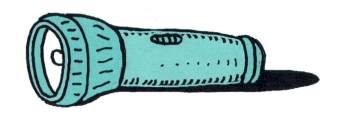

可能你就得用第二种方案，就是用水把耳道弄湿，蛾子在里面不舒服也许能沿着耳道飞出来。

备选方案：让孩子坐下，侧着头把进了虫子的那只耳朵完全朝上，在她肩膀上裹一条毛巾免得弄湿衣服，然后轻轻地用温水冲洗他的耳朵，直到蛾子浮出来。如果第一次没有浮出来，再试一次。如果第二次还是没出来，马上去看医生吧。在见到医生之前，千万不要再试图用任何小棉签或者小镊子之类的东西去挑或戳。

需要注意：如果你手边正好没有水，用孩子的按摩油也没问题，滴几滴按摩油能杀死蛾子。但是矿物质油会让蛾子受到刺激，短时间内变得更加活跃，这可能会让孩子感到恐慌。

飞蛾真的会趋光

　　飞蛾是有积极趋光性的，这意味着在黑暗中，它们会朝着发光的地方飞。而另外一种常见的昆虫——蟑螂，却有着消极的趋光性，也就是说，它们在黑暗中发现光源，会飞快地逃走，躲开强光。科学家们对于飞蛾之类昆虫趋光性的解释是夜间飞行时昆虫会受到自然光源比如遥远的月亮指引，引导它们沿着一定的航线平行飞行，而人类的灯光、火光就能够误导它们的飞行。

脑袋卡在栏杆中间了

　　你领着儿子在购物中心逛街逛得正开心，走到二楼的时候，你打算在栏杆边待一会看看楼下，远远地观望人们走来走去买东西。忽然，你听见儿子说："妈妈，我的头被卡住

了。"原来他把自己的头从栏杆中间伸出去玩，然后发现缩不回来了。这下招来一堆人围着看热闹，大家还纷纷给你出主意："往孩子耳朵上抹点凡士林，一滑就出来了。""不对，应该给他抹点洗洁精，那个最管用。""根本不行，你应该找焊接工来，赶紧把栏杆切开，我都看见过好多次这么救孩子的了。"

你应该怎么做

楼梯的栏杆通常都是倒锥形的，栏杆的间隔空间是从扶手到地面逐渐变小。通常孩子们能把头钻过栏杆，如果不是栏杆间隔比较宽的话，都是在他们试了半天不断变换角度，才能斜着把头从某一处成功地钻过栏杆去。钻过去之后发现缩不回来，是因为他们往回缩的时候身体向前倾，朝向了比钻进来时更低也就是间隔更窄的位置使劲儿，于是头就被卡住缩不回来了。你可以温和地指导孩子尽量慢慢把头移动到栏杆间更高一些的位置，让他放松下来，从最高点把头轻轻缩回来。

如果栏杆是完全平行的，那么你儿子卡在那儿出不来很可能是因为他钻过去和缩回来时头的角度不一样。别着急，

　　帮助孩子往上看，把头调整到与地面垂直的角度，然后直视
前方慢慢地把头缩回来，小心别让栏杆挤伤孩子的耳朵。

　　这种情况实际上不需要使用任何润滑油，但是如果为了
安慰惊慌的孩子，可以告诉他抹上一些东西会更容易把头缩
回来。

　　每当碰上这种把头卡在栏杆里的紧急情况，围观的人们都有着比赛时场外教练的心情，七嘴八舌地出主意帮你解救孩子。你一定不能没主意，不能随便听信人们提出的各种奇奇怪怪的建议，尤其是那些会吓到孩子的建议，比如用电焊枪。尽量帮助孩子平静下来，也要让自己冷静下来，本来头被卡住这种事，除了魔术师，换作任何人钻出来都得费点劲。

头发粘上口香糖了

　　你开车拉着一群孩子，他们嘴里嚼着口香糖，他们的小嘴巴随着收音机里的音乐不停地嚼着。你正暗自得意地享受只有一盒美味口香糖才能带来的安静，忽然听见后座的一个

孩子说："嘿，咱们来比赛吹泡泡吧！"

你还没来得及反对，只见他嘴里那个吹了一半的口香糖因为用力过猛，脱口而出，直接飞到你女儿后脑勺的头发上去了。粘得还挺紧，怎么也拿不下来。于是在接下来开车回家的路上，你一直在想女儿剪个平头会是什么样子。

你会用到的东西

· 花生酱
· 冰块

你应该怎么做

首先提醒孩子别用手硬拽那团东西，也别老去拨弄它，尤其刚粘上去的时候。她乱拨弄不但不解决问题，而且会拽出很多黏黏的拉丝，粘得满身满车都是，

脆脆

花生酱

那会更麻烦。最好先别动，坚持到家，然后马上去厨房找花生酱，把花生酱均匀地涂到口香糖表面，然后揉匀，让花生酱渗透到口香糖里去。花生酱里的油脂可以分解口香糖中的胶性物质，稍微等一会，用细齿的梳子把那块黏糊糊的东西梳下来。这个办法特别好用，除了需要多点耐心花点时间之外，只有一个毛病，就是接下来的几天你女儿走哪儿都带着一身花生味儿，不过，至少她的头发保住了。

备选方案：用冰块裹住那块粘到头发上的口香糖，来回摩擦，把它冻硬，硬了之后一掰就碎了。不过这得需要挺长时间，大多数人估计没那么有耐心，没等到冻硬就直接拿剪子连头发带口香糖一起剪掉了。

　　口香糖的成分一般就是糖、胶基、玉米糖浆、香味剂、软化剂和食用色素。大多数口香糖里的胶基都是化学合成的（你可以理解跟塑料是一类东西），不过有些也可能含有天然乳胶。这些成分大部分是人类的肠胃消化不了的，所以你小时候听到同学吓唬你说口香糖咽下去就会粘住肠子或者永远留在肚子里的那些说法都是谣言，消化不了的东西在胃里停留超不过一两天，就会被身体排泄出去。

强力胶水也能粘手

　　你儿子和他的朋友已经在他的房间里高兴地忙碌了快一个小时了。一开始，你也挺高兴，难得清净一会儿。可是房间里时不时传来用力忍着但又憋不住的那种笑声，让你不由得怀疑他们到底在干什么。你正要上楼，想看看到底是什么这么好笑，他们带着一脸惊恐从房间里冲出来。你儿子的朋友跑到你面前，就跟祈祷一样双手合十对你说："我的手被胶水粘在一起了，真的分不开了！"你该怎么办呢，假装没看见赶紧把这个熊孩子送回家，还是想办法帮他把手分开呢？

你会用到的东西

· 洗甲水

· 棉球

你应该怎么做

强力胶是一种氰基丙烯酸酯黏合剂，用于粘接高密度紧致无孔的材料。它通过与水分接触而固化，所以孩子们脏乎乎的小手是理想的

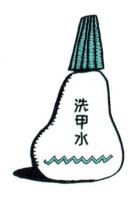

黏合介质。

　　解决孩子们这类强力胶意外的最好办法是使用洗甲水或丙酮。将棉球浸泡在洗甲水中，涂抹在强力胶粘连的地方。如果孩子的两只手掌是完全粘在一起的，你需要把棉球中的洗甲水慢慢挤进他双手之间的缝隙里。很快，双手就能分开了。不过分开的时候要小心点，防止孩子猛地一下拉开两只手，还没有浸到洗甲水的皮肤仍然粘连着，手撕掉一层皮可是很疼的。可以让孩子尝试双手来回地轻轻搓动，看看胶水脱落的情况。直到两只手完全分开。记得要当心你使用的这两种胶水去除剂，尤其是丙酮对桌面或者其他台面都会有很强的腐蚀性，使用的时候要注意别弄得到处都是。

如果你手边没有洗甲水，也可以把孩子的手放在温热的肥皂水里浸泡。用肥皂水见效会比较慢，但最后也能起作用。

有趣的事实

你知道吗，有一种医用强力胶，现在有不少医生用它代替传统的缝合线来黏合伤口，这样就省得用针缝合和注射麻醉剂，世界各地害怕针的人们，这下再也不用怕了哦！

舌头冻在冰柜上

　　你在杂货店里逛了半天，推着装满食物的购物车沿着冷冻食品的通道打算再挑些东西。孩子们已经不耐烦了，开始闹着要走。为了分散他们的注意力，你给他们每人分配了一项任务：一号，去拿薯条；二号，去找华夫饼；三号，去拿冷冻果汁。一号和二号很快就完成任务回来了。三号一直没回来，还靠在冰柜那里不出来。你只好费劲地推着重重的购物车走过去，想看看到底是什么吸引了三号的注意力。结果发现她可不是靠着冷冻果汁柜不回来，她是伸舌头去舔上面的果汁，舌头被冻到冰柜上了。你内心很崩溃，心想只有你家孩子才会干出这种匪夷所思的事情来吧，别人家的正常孩子都不会这么干吧?

你会用到的东西

· 温水
· 食盐

你应该怎么做

马上提醒你女儿别使劲儿往回拽她的舌头，不然会撕掉一层皮，肯定很疼。然后你可以快速去调味品货架上找一些盐来，撒在孩子舌头周围，冻住的部分就会融化，孩子的舌头就能拿下来了。或者你可以用少量温水融化她舌头冻住的那一块，好把舌头救下来。

如果手边没有温水，最简单的办法是使劲儿往孩子的舌头上哈气，不过估计要花很长时间，你呼气太多也很容易缺氧，这个办法的可操作性还取决于你离女儿舌头有多远，以及你离冻住她舌头的冰柜有多远。

一定要注意的是，如果你打算往她的舌头那儿浇温水，就得让孩子在你浇水的同时马上把舌头收回去，不然，水会很快结冰再次冻住她的舌头。施救的时候，还得注意千万别因为着急解救舌头，就把你湿漉漉的双手握在冰柜边沿上，那样你的手也会被冻得粘在那儿了。

这种类型的灾难在冬天还经常发生在学校操场上。显然，金属滑梯和旗杆对孩子来说，都是不可抗拒的诱惑。学校医务室的值班护士冬天随时准备着食盐和温水，就说明这样的孩子可不少。

头发上涂满了凡士林

　　你儿子决定在万圣节扮成吸血鬼。他一溜烟儿跑上楼去穿戴自己的装扮去了，你拿着相机和糖果袋在门口等着。过了一会儿，他穿戴着吸血鬼标配的黑斗篷和尖牙鬼脸走下楼来，可是你忽然注意到他的头发，看起来闪闪亮亮的很不正常。"哦，我抹了些凡士林，"他拍了拍自己的头发解释道，然后竟然用那只油腻腻的手扶着墙一路走过来，"吸血鬼都得把头发弄成这样。"

后来在那天晚上，你试遍了家里所有的肥皂和洗发水之后，仍然没法消除他那一头神奇的黏液。绝望的你干脆突发奇想，要不给他剃光算了，也不会比现在的样子更丑吧。你得回忆一下，剃狗毛的推子怎么用来着？

你会用到的东西

· 纸巾
· 玉米淀粉
· 洗发水
· 梳子

你应该怎么做

拿纸巾尽可能吸干他头发上的凡士林，不要揉搓，否则你会把他的头发揉成一团。

把玉米淀粉或玉米粉摇动着洒在他的头发里，轻轻拍一拍，就跟你在准备烤鸡前给鸡肉裹上一层淀粉那样，薄薄地均匀地洒满孩子的头发。不要用滑石粉，吸入滑石粉会损害肺部。

用温水而不是热水给他洗头，正常使用洗发水就可以，但是不要用那种二合一含有护发素的洗发水。刚才洒进你儿

子头发里的那些玉米淀粉或者玉米粉遇到凡士林会发生化学反应，凝固在一起，这样洗发水就能很容易洗掉那些颗粒。

用洗发水洗上两遍，尽量把头发里的玉米粉和凡士林都洗掉。然后让孩子的头发自然晾干。仔细检查一遍，如果看到头发上仍然有凡士林，就再给他来一遍玉米粉加洗发水疗法。

有趣的事实

玉米淀粉是一种非常精细的面粉，由玉米粒里的芯或胚乳研磨而成。它最常见的用处是食谱里的增稠剂。它还有个很好玩的用法，可以将它跟家里的白胶水混合在一起做成手工橡皮泥。

Chapter 2

别冲马桶！

洗碗机引发的水灾

　　你要出门买些东西，为了让孩子们自己在家别瞎折腾，所以你和孩子约定：如果妈妈不在家的时候好好表现，一起把厨房打扫干净，那就允许他们看完上次的节目。接下来你

在商店里独自轻松自在地闲逛时，得意地认为自己简直太有智慧了，跟孩子们做了个很划算的交易。可是，当你到家的时候，站在门口欢迎你的是尖叫的女儿，她慌里慌张大声嚷嚷道："妈妈，快来呀！洗碗机坏了，家里地板上到处都是泡泡！"。

你会用到的东西

· 一杯食盐或一杯白醋

· 湿拖布

你应该怎么做

　　除非你的洗碗机确实出了严重的问题（这种情况，打电话找专人来维修），否则一定是孩子们在使用洗碗机的时候，把洗洁精放进洗涤剂自动分配盒时倒错了位置。你得问清楚他们用了什么、放在哪儿了，然后再决定怎么处理。

　　一般情况下可以打开洗碗机，往里倒上一勺盐。等上一

分钟左右，再次启动洗碗机，让它工作一两分钟看看。盐可以分解洗碗机里的泡沫，泡沫消解了，你再启动洗涤剂自动分配系统，把那些盘子、碗重新洗一遍。还有一种办法是往洗碗机里倒一碗白醋。白醋同食盐一样是可以消解洗涤剂泡泡的，另外，也正好顺便清洁一下洗碗机的内部。

　　至于你的地板，虽然让你站都站不稳，但当地上的那些

肥皂泡泡很快变干成为皂垢后，用拖布就会比较容易清理了。加油，蹚过你家一地的泡沫，想象一下你正在享受厨房浴缸的泡泡浴，也别有一番乐趣。等你擦得差不多了，再交代孩子们用干拖布稍微沾点水多擦两遍。

　　如果你家厨房使用的是软化水，这种情况下形成的泡沫更多，如果是硬质水，情况就好一些。因为软化和净化过的水里少了能够抑制泡泡形成的矿物质，比如钙和镁，这些成分能够跟洗涤剂的皂液结合形成不溶于水的皂垢。这就是为什么每次孩子们洗完澡，浴缸周围都会有一圈脏脏的痕迹。

食物在微波炉里爆炸了

    儿子放学回家后，觉得饿得要命。打开冰箱一看，也没什么选择，只有一些昨天剩的炸鱼条和炒饭，还有一些煮鸡蛋。他决定吃个鸡蛋，拿起来咬了一口，觉得太凉了，就把鸡蛋和一些炸鱼条都放进了微波炉里。选择时间：1分钟。按下开始键，启动。

20秒后，鸡蛋热炸了，把微波炉里上上下下糊了一层黄黄白白的东西。但是孩子并没有注意到。他还在等着微波炉热够时间之后的那一声"叮"。鸡蛋就继续在微波炉里转啊转，硬是把微波炉四壁都烤上了一层硬邦邦的壳，就像是一层发臭的油漆。

叮！一分钟到。你儿子打开微波炉门大叫："嘿，我的鸡蛋呢？"

你会用到的东西

- 一杯白醋
- 洗碗布
- 温热的肥皂水

你应该怎么做

用微波炉加热后的煮鸡蛋更像抹墙用的灰泥而不是食物。先把没有粘在微波炉内壁上的鸡蛋和蛋壳清理出来。

把一杯白醋倒入符合微波炉使用安全的敞口容器里，放进微波炉的中间。打开电源，充分加热 2 到 3 分钟。醋会在高温下沸腾蒸发，那些粘在微波炉四壁的硬邦邦的"鸡蛋水泥"吸收了之后，会慢慢掉下来，微波炉里那股硫磺味儿也能清除。

取出剩下的醋，再用沾满温热肥皂水的洗碗布反复擦拭微波炉的四壁。弄好之后，你的微波炉里不但看不出爆过鸡蛋，可能还比之前更干净了。如果一遍没能全部处理干净，那就再重复一遍这个过程。

事实上，跟你读八年级时所有朋友告诉你的正相反，微波炉加热食物并不是从里到外加热的。微波加热的原理是通过电磁辐射发出的电磁波与被加热的食物里的水分子波长达到一致时形成"共振"的现象，在振动过程中，食物就被加热了。因为食物大多有着不同含量的水分，微波加热其实是在加热食物内部的水分。微波可以透过塑料和玻璃加热食物，但是深入穿透食物本身的程度有限。所以你会发现，用微波炉加热一个很大的或者冻得很结实的食物时，有时候花了很长时间，看上去表面温度已经很高了，但食物内部仍然是冻着的。

烘干机里的蜡笔

　　你特别乐于清洗家里大人孩子堆积成山的衣服。就在刚刚，你又一次以惊人的速度，手法娴熟地把洗衣机里洗完的大堆衣服转移到烘干机里。可是，当你把手伸进烘干机去拿最后一批衣服时，发现里面的衣服全部都沾上了粉红色、紫色和棕色的油腻腻的蜡笔污渍。不知道哪个孩子随手把自己的衣服扔到了洗衣篮里，而那件衣服口袋里竟然放着几根蜡笔，反正不管你每次洗衣服前多么仔细地翻遍他们的口袋，还是不能避免一时疏忽造成的灾难。真烦！

你会用到的东西

- 纸巾
- WD-40 万能除锈润滑剂
- 洗洁精
- 小苏打

你应该怎么做

在开始清理灾难现场之前，先检查一下你的洗衣机，看看滚筒中还有没有断裂成小块的蜡笔。然后往洗衣机的滚筒中喷一点 WD-40 万能除锈润滑剂，选择快洗程序，不放东西空洗一遍，确保洗衣机里没有蜡笔的残留。接下来检查一下你的烘干机，要仔细看，有没有大块的蜡笔残留或者蜡笔被加热融化在鼓风机上。如果有，要小心地把它们刮掉再取出来。把 WD-40 万能除锈润滑剂喷在抹布上，轻轻擦拭烘干机内壁上的蜡笔痕迹，再用温热肥皂水清洗刚刚擦拭在烘干机内壁上的 WD-40 万能除锈润滑剂，多洗几遍。在下一次使用烘干机之前，可以先扔一块布到烘干机里做个测试将是个不错的主意。

先仔细检查那批衣服，把粘在布料上的蜡笔能刮的刮下来。然后把每件衣服有蜡笔污渍的部位下面垫一些纸巾，在污渍部分的织物两面均匀喷涂 WD-40 万能除锈润滑剂。

将一大汤匙洗洁精和半杯小苏打水倒入热水中，把衣服放进去浸泡 10 分钟。对于那些污渍面积比较大，污染程度比较重的衣物，可以用小苏打和洗洁精混合起来做成的皂液重点清洗。

选择洗衣机上的快速漂洗模式进行清洗。如果洗完还是有颜色的话，可以用适合的漂白剂或脱色剂再试试。

有趣的事实

蜡笔是由石蜡、硬脂酸和色素混合而成的，熔点在 40 摄氏度左右。按照绘儿乐（Crayola，美国绘画产品品牌）公司 2000 年的颜色喜好投票数据来看，美国人最喜欢的蜡笔颜色是蓝色——纯蓝色。不知道有人会喜欢深褐色吗？

被卡住的厨余垃圾处理机

　　你们家刚吃完晚饭，孩子们正在帮忙收拾厨房。像往常一样，大家为了谁该清理桌子，谁该把碗和盘子放进洗碗机而争执不休。在一片混乱中，你儿子突然发现他吃饭时取下的牙套不见了。 他思考了一分钟，然后说："我想我可能把它落在我的盘子里了。" 就在他说这话的时候，你听到厨余垃圾处理机里传来了可怕的研磨声，然后是机器卡顿的嗡嗡声。你马上关掉机器，打开盖子一看，在那堆吃剩的肉饼和沙拉中，他的牙齿正畸保持器，被卡在了刀片中。 这真是一顿昂贵的晚餐！

你会用到的东西

· 尖嘴钳

· 内六角扳手

· 扫帚柄或其他结实的棍子

你应该怎么做

请先断开垃圾处理机的电源再去找牙套。确认电源已经关闭的情况下，再伸手或者用尖嘴钳把它取

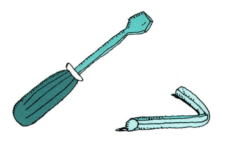

出来。如果它被卡在刀片下面，你就必须移动刀片把它弄出来。

大多数垃圾处理机都自带一个内六角扳手（六角形金属杆，扳手末端弯曲成 90 度角），一般在厨房水槽下面，底部正中间，你能摸到一个六角形凹槽。如果你平时骑自行车，家里有自行车修理工具，你那些工具里应该也有这种内六角扳手。

把内六角扳手插进垃圾处理机底部的那个小凹槽，前后转动内六角扳手，垃圾处理机里的粉碎盘会跟着来回摆动，卡在刀片那儿的牙齿正畸保持器也会跟着松动，这时再从垃圾处理机里取出那个让人费心的牙套。

如果你家的垃圾处理机底部没有内六角凹槽，那就试试用扫帚杆。把扫帚杆插进去撬动随便哪个刀片，迫使粉碎盘改变位置。这个办法可能会对牙套造成一定伤害，但好处是会让刀片活动一下。

　　当你取出牙齿保持器（或者保持器的碎片）后，看看垃圾处理机的刀片是不是还能自由转动，再通电检查一下垃圾处理机是不是可以自动重启了。在机器侧面偏低的位置有一个断路器按钮，如果机器超负荷，那个按钮会自动弹起切断电源。

使用垃圾处理机时，千万别用热水。热水会融化垃圾里的油脂，然后在水管中凝结。相反，应该使用冷水，这样固体油脂就能顺利排入下水道。也不应该把较大的食物残渣倒进垃圾处理器或者水槽里。这些垃圾里有些纤维硬度非常大，很容易造成管道堵塞，这方面有疑问的话可以咨询有经验的水管工。

玩具把马桶堵了

　　你正忙着收拾家里扔得到处都是的玩具，忽然听到一个很可怕的消息："妈妈，马桶堵了！"

　　你家那个六岁的小孩就在卫生间，等你赶过去一看，马

桶里漂浮着大约三大卷卫生纸。他茫然地看着你，说了句："这是什么情况？我得去趟洗手间。"然后明智地溜走了。剩下你一个人，绝望地看着那一马桶很快要溢出来的污水，任何轻举妄动都可能瞬间导致家里被马桶里溢出来的污水淹没，你都来不及嫌弃大肠杆菌。

第一部分：疏通

你会用到的东西

- 橡胶手套
- 水桶
- 往外舀脏水的盆
- 橡皮搋子
- 螺旋马桶疏通器
- 旧毛巾

· 拖把

你应该怎么做

先找出家里的橡胶手套戴好。如果马桶里的水已经快要溢到马桶圈边缘了，就得先用水盆舀出一些来，不然污水会溅得到处都是。别把水全部舀光，马桶里得留下至少没过马桶搋子皮罩那么多的水量，这样能保证在使用马桶搋子时不会漏进空气去，才能充分有力地吸出马桶管道里堵塞的东西。

把马桶搋子放入马桶里，完全覆盖住马桶下水口，往下按压搋子，像是打气那样上下 20 次左右，最后一次使劲儿拔起拽出。这时堵塞了马桶下水道的东西应该在这通抽动和按压中被吸出来或者被推下去了，马桶才可能通畅。

你可以按一次冲水试试看。如果是有水箱的马桶，打开水箱盖，一边按下冲水，一边观察水量。如果马桶里的水看上去就要溢出来了，你可以提起水箱里的加重球控制一下水量，一直控制到马桶里的水量平稳，然后再冲一次试试。

再用马桶搋子重复处理一次，然后冲水测试一下。 如果马桶看起来还是堵的，水位不见下降，那就是没通，你可

能就需要使用螺旋马桶疏通器了。它可是马桶疏通神器，是一根弯弯长长的金属弹簧绳，可以伸长探入马桶的下水管道。把疏通器的末端塞进马桶的下水口，顺时针转动让它不断往下走，保持这个转动的动作一直到碰到堵塞的东西为止。从马桶里抽出疏通器时，也保持转动状态取出，这样有助于把堵塞物继续推开，好用水冲下去。

第二部分：拆卸

你已经在浴室里忙活了一个小时，开始是用马桶搋子使劲儿又按又拔，然后又用螺旋马桶疏通器在下水道转来转去，可马桶该怎么堵还是怎么堵着。你不得不把儿子再叫到肇事现场，追问他到底把什么掉进马桶里了。在压力之下，他坦白刚才上厕所的时候，不小心把那个能掰来掰去的玩具蜘蛛侠掉进马桶里了，他不想把手伸到马桶里把它捞出来，所以就把它冲走了。现在你知道你的马桶被什么堵了，对，蜘蛛侠！还有你接下来的工作是，对，解救蜘蛛侠！

你会用到的东西

- 橡胶手套
- 水桶
- 舀水的盆
- 可调节扳手
- 平头螺丝刀和十字螺丝刀
- 马桶底座密封圈

- 旧毛巾或报纸

- 拖把

- 防水密封胶带

你应该怎么做

拆马桶其实没有想象中那么难，它只是比较花时间，需要你多一些耐心，当然也会考验你的老腰。

第一步，在开始之前，确保上面提到的工具和用品都准备齐全了，尤其是新的马桶底座密封圈。

第二步，把马桶冲水的供水阀门关掉。把马桶里的积水彻底弄干净，如果是抽水马桶，还得注意控制水箱里的加重球以免水箱里的水溢出来。把马桶里的水全部舀出来，在马桶后面的地砖上铺上一块毛巾，因为清理中还会有脏水溢出。

第三步，把水箱底部的供水管接头拧下来，取出供水管。把水箱内固定水箱的螺栓拧开，把水箱从马桶上拿下来。

第四步，拧开把马桶固定在地板上的螺丝，把马桶卸下来。这几颗螺丝通常都有个塑料帽，转动时就会弹起。

第五步，确认你已经把固定马桶的螺丝或者其他东西都拆下来了之后，把马桶向上提起挪开，最好有两个人一起。马桶拿起来后，你能看见马桶底座有个环状的密封圈，这个之前安装时是用胶水粘上去的，所以要费些力气才能取下来。

第六步，如果有可能，最好把卸下来的马桶搬到室外去清理里面的堵塞物。在室内处理的话一定把地面铺上足够的旧毛巾和废报纸，免得马桶里存留的污水和排泄物漏得到处都是。

第七步，把蜘蛛侠取出来。经历了马桶历险，你看是把它直接扔了，还是用消毒液洗干净继续留着玩，反正他和马桶都得救了。

第八步，要把马桶底座旧的密封垫圈彻底清除干净，然后重新安上一个新的马桶底座密封圈，放置安装的时候要确保平整，然后用防水密封胶带做好密封。

第九步，按刚才拆下来的步骤逆序操作一遍，把马桶安回去。

　　一张卫生纸的标准尺寸是 11.4 厘米乘以 11.4 厘米，但有些卫生纸制造商在尺寸上总是偷工减料，所以也有些卫生纸只有 9.6 厘米乘以 9.6 厘米那么大。普通人一般一天会消耗 57 张卫生纸，一年使用 20,805 张卫生纸，基本每人每五天会消耗一卷卫生纸。当然，如果你家里有孩子，那么所有的统计数据对你来说都是毫无意义的。

隐形眼镜掉进了下水道

　　你女儿刚开始戴隐形眼镜，她想尝试自己戴一次。 她
紧靠在洗脸盆前，脸都快贴到镜子上了。她把滑溜溜的镜片
放在指尖，使劲儿睁大眼睛……然后，镜片一下掉到了水

池里，正好掉进了下水道。楼上浴室里传出歇斯底里的尖叫声，提醒你可能有麻烦了。你连忙冲上楼，看见她眯着眼睛看着你，指指下水道又指指自己的眼睛。你应该明白了吧。

你会用到的东西

- 水桶
- 活动扳手或管钳

你应该怎么做

要是这时候水龙头还开着，赶紧先关了水。

如果你家浴室的面盆上装的下水器有活动翻盖，有些大一点的东西，比如假牙、乐高积木块、小珠子和耳环什么的，通常滑下去之后就

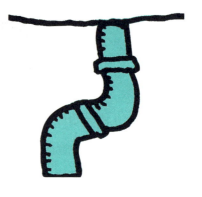

直接冲到下面的下水管里了，而较软或较轻的东西，比如隐形眼镜之类的，很有可能会粘在下水器翻盖上。所以，可以先查看下水器翻盖，或者把面盆下水塞拔出来，仔细找找刚才滑下去的隐形镜片是不是还在上面。如果没有的话，那就试试把下水管的弯头拆下来。

洗脸面盆下面有个连接下水道的 S 状管道叫 S 弯水封，从洗脸面盆里被水冲下来的东西都得经过这个弯头，再进入下水道。

打开弯头前，你得先找个水桶放在下面接着。然后把下水管弯头两端的接口卡扣拧松。用手能拧下来最好，如果拧不动，可以尝试用管道扳手。拧下来之后把里面管道里存留的东西都倒进一个盆里，方便查找。倒出来的东西看起来可能有点恶心，但那只隐形眼镜应该在里面。找出那个小镜片之后，再按照拆下来的步骤把弯头管两端原封不动地上下对好装回去，拧紧。如果你家下水弯头是 PVC 材质的，无论拆下来还是装回去，都要用力适度，免得拧裂了漏水。

人的耳朵最多可以忍受高达 120 分贝的声音。为了让你更好地理解这一点举几个例子说明，轻声细语的说话声大概是 30 分贝，离你 60 厘米远的地方响起来的闹钟铃声，音量大约是 80 分贝。刚才你女儿歇斯底里的尖叫声，如果对着你的耳朵，很可能高达 120 分贝，这足以造成听力损伤。

CHAPTER 3

地毯上又洒上了什么？

门被拽下来了

你儿子又在那儿晃门，他一直有这个坏习惯，每次开门都喜欢抓着门两侧的把手把自己挂在门上像荡秋千一样晃来晃去。你大声说："我都说过几百遍了，你早晚会把这扇门

弄烂！"果不其然，那扇门真的坏了。合页被拉出了门框，那扇门像喝多了一样向外斜着。你从来没想过你还得学习怎么从五金店买东西吧？

你会用到的东西

- 白胶或木工强力胶
- 木质牙签或高尔夫球座或者木头楔子
- 砂纸
- 木工锉或锉刀
- 小手钻或锥子
- 螺丝刀

你应该怎么做

你家这扇门的故障原因是你儿子长期抓着门把手荡秋千，他的重量让合页上的螺丝逐渐从门框里被拽了出来。你需要把损坏的旧合页拆下来换上新的。

　　先用螺丝刀拧松旧合页上的螺丝，把门从门框上卸下来，把旧合页也拆下来。门卸下来之后你就能看见之前旧合页上的螺丝几乎被外力从门框里拉扯出来的位置，那儿会留下一个比螺丝直径要大的小洞。你需要做的是把那个洞填结实，这样新合页上的螺丝才能严丝合缝的咬住门框。

　　最简单的办法是一边往里面挤白胶或者强力木工胶，一边把木质牙签或者高尔夫球座或者木头楔子砸进去，直到那个洞完全被填补好。把残留在外面的胶水都擦掉，然后等着洞里的胶水干燥。

等里面的填充物干燥之后，看看是不是有多出来的牙签、高尔夫球座或者木头楔子，把多出来的部分切掉，然后用木工锉刀打磨光滑，不然表面高低不平没法上合页。

用一个小钻头或锥子在已经填实的洞里钻一个小眼儿，换上新合页，把合页上的螺丝拧紧。

把门扶正，让门与门框上安装新合页的位置对齐，然后把螺丝拧紧。你得稍微花点时间把门装回去并且调整好位置。

有趣的事实

在坦桑尼亚的奥杜威峡谷发现的 180 万年前的原始人类遗迹中，找到了世界上最古老的牙签，看来从那时候起，原始人就跟现代人一样使用牙签清理牙齿了。

古董花瓶摔碎了

　　简直跟《脱线家族》（*The Brady Bunch Movie*）那个电视剧里演的情形一样，孩子们在客厅里扔球玩，就在你张嘴要冲他们喊"不准在屋子里玩球！"的一瞬间，你儿子扔出

去的球正好砸在了姑妈送你的瓷花瓶上，那可是古董！你还准备拿它去参加古董巡回展呢，这下你的发财梦破碎了。那个花瓶还有救吗？

你会用到的东西

· 美纹纸胶带

· 造型黏土或者橡皮泥

· 陶瓷专用胶水

你应该怎么做

先把花瓶的碎片粘在胶带上，这样能帮助你尽快拼凑这些碎片。用家里能找得到的造型黏土、橡皮泥或者其他有黏性的东西把碎片先简单粘在一起。

等你把碎片找得差不多，觉得已

陶瓷专用
胶水

经想好怎么把这些碎片完整拼起来的时候，就可以小心地把临时拼好的花瓶再拆开，取出里面的造型黏土，把碎片按照准备拼装的顺序摆好。

接下来就可以开始粘了，务必使用陶瓷专用胶水，因为瓷器这种材质本身有很多孔，一般的万能黏合剂甚至超级强力胶都不能很好地黏合瓷器的碎片，也许当时粘住了，但是坚持不了多长时间就会开胶。

最好从底部开始粘，逐渐向上移动，当然这取决于花瓶的破碎情况。如果你能把手伸进花瓶里的话，可以在花瓶粘好之后沿着碎片的裂缝再仔细地贴一遍美纹纸胶带，胶带就好像夹子，帮助陶瓷胶水更好地发挥作用。粘的时候尽量做到严丝合缝，如果你在粘花瓶的时候就能看到裂缝，你以后也会看到那些裂缝。

美国著名的家庭情景剧《脱线家族》拍了 117 集，从 1969 年到 1974 年，连续播放了 5 季，讲述了一个带着三个儿子的单身爸爸和一个带着三个女儿的单身妈妈再婚重组家庭后，这个有着六个孩子的大家庭的故事。

▌ 拉链坏了

　　女儿烦了你好几个星期，要你给她买一件新冬衣，那可不是件普通的冬衣，而是贵得令人难以置信，用了什么超细纤维面料，经美国航天局（NASA）认证的冬衣。为了说服

你买这件衣服，她发誓会做个更爱学习、更勤快、更加全面发展的好孩子。于是你就心软了，花了比你自己买整个冬天全部衣服还要多的钱给她买了那件冬衣，你沉浸在自己就是全世界最好的妈妈的自我肯定中。直到第二天，她告诉你那件衣服的拉链坏了，你才发现"一经售出，概不退换"是件多么残酷的事。

你会用到的东西

- 指甲剪
- 肥皂或蜡烛
- 尖嘴钳
- 针
- 结实的线
- 订书机

你应该怎么做

先检查一下看看孩子说的拉链坏了是怎么回事，是拉链卡在什么上或者拉链齿里夹进去了线头，还是拉链本身的问题。如果发现拉链里确实卡住线头了，可以用修指甲的剪子（或者你能找得到的最小的剪子，比如缝纫用线头剪）剪断，然后把线头拽出去，拉链头就能滑动自如了。还可以把肥皂或蜡烛在拉链齿上来回摩擦几遍，再拉动拉链时会变得特别顺畅。

如果你发现是因为拉链齿上有缺口导致拉链咬合不好，可以按照下面的步骤修复：

第一步，用尖嘴钳把拉链最下面的卡止取下来。用手固定住卡止，用尖嘴钳慢慢地把它从拉链的织物部分取出来，小心不要把周围的织物撕坏。多一些耐心，你一定能修好。

第二步，把拉链头往下拉，将两边的拉链齿对齐，来回拉动把之前的缺口也对齐。

第三步，把拉链拉上，确保两遍的布料都对齐了，不能一边长一边短。

第四步，如果你没有买到可以替换的拉链卡止，也可以拿针穿上结实的粗线（最好是尼龙线或者混纺线）在确定的位置缝一个新的卡止出来。从拉链背面缝，这样的话就算缝得不好看也露不出来，最下面的拉链尾端最好也来回多缝几针。这么做是为了挡住拉链头，防止拉链猛然拉脱，跟之前卸下来的卡止是一个作用。

如果拉链头比较大的话，还可以用订书针做一个卡止（如果你不是那么在乎好看不好看的话）。可以在拉链背面用订书机把大号钉订进去，把订书钉的边压进拉链正面的织物部分，可能看起来不那么美观，以后如果把钉子取出来织物部分也会留个洞，所以在选择用订书钉之前，你要先想好自己能不能接受。

有趣的事实

1917 年，一个叫吉迪恩·桑德巴克的人获得了一项专利叫作"无钩锁扣"，这也是目前为止我们知道的最早关于拉链的专利。

地毯上糟心的污渍

第一波

今天是你的生日，你没有别的愿望，只盼着在清晨 6:30 之前能安稳地睡个觉。你赖在被窝里，在楼下乱哄哄的打闹声中享受着再打个小盹的幸福。突然，你猛地坐起来，刚才楼下是什么声音？你听到很大一声闷响，然后就是"蹬蹬蹬"往楼上跑的脚步声，你的孩子们破门而入，手里举着床上用的早餐托盘，上面有他们自己平时最爱吃的麦片和葡萄汁。简直太可爱了对不对，孩子们几乎在这个早晨做到了绝对的可爱，就在这时，拿着大杯果汁的那位，一下绊到了你的鞋子上，一整杯紫色的葡萄汁飞了出去，完美地落到了卧室的地毯上。生日快乐！

你会用到的东西

- 毛巾
- 吸尘器
- 洗洁精
- 装满自来水的喷雾瓶
- 纸巾
- 过氧化氢（3%）
- 白醋

你应该怎么做

别生气了，抓紧时间跳下床开工吧。不管用什么，纸巾也好，毛巾也罢，尽量吸干地毯上的葡萄汁。也许接下来还得想办法洗掉毛巾上的葡萄汁。要是你家有干湿两用真空吸尘器就最好了，趁那些葡萄汁还没干，能吸多少就吸多少。

吸得差不多之后，把大约1/4茶匙的洗洁精（不是自动洗碗机用的那种洗碗液）兑上1000毫升左右的温水搅拌均匀，将干纸巾蘸着这个液体去吸地上的葡萄汁痕迹。要注意不是擦是吸，这时候用力擦只会让污渍进一步渗透进地毯的纤维里。吸的过程中你会发现葡萄汁的颜色被带出来了，继续快速用浸了洗洁精的纸巾吸出颜色，然后用装满自来水的喷雾瓶喷水清洗，反复几次，直到葡萄汁污渍完全消失。如果你手边没有喷雾瓶子，用湿纸巾也行，像之前那样用浸过洗洁精的纸巾和湿纸巾交替吸和清洗，湿纸巾还可以加点清水。污渍弄掉之后继续喷水清洗（或者把清水轻轻地拍进去），最后在上面铺一层干净的纸巾，再压上一本字典或者百科全书之类的重东西，让纸巾继续吸干地毯里的水分，然后晾干就行了。

如果地毯干了还有脏印子，可以在污渍区的表面喷洒浓度为 3% 的过氧化氢。（要注意用量，如果你不想让地毯变色，喷到湿润状态就可以了，而不是完全被过氧化氢溶液浸透。）静置一个小时，再用干纸巾反复吸沾，直到污渍消失。

不要冲洗，只需要在上面铺一层干净的纸巾，压上一本字典或者百科全书之类的重东西吸干剩余的水分就行了。

至于刚才那条毛巾……

你可以马上把它扔进洗衣机，用温水洗涤，及时的话应该能洗掉，因为污渍还没来得及渗透到毛巾的纤维里。或者你也可以用刚才洗地毯的那种混合洗洁精，再加入 1 汤匙白醋，浸泡 15 分钟左右。揉搓一下再用温水冲洗，应该能洗掉，实在洗不掉，就买条新毛巾，把这条扔到车里擦车用好了。

第二波

　　现在是周末，每个人都很放松，在家里进进出出地做着各自的事情。你本来在院子里，但是忽然想起要回房间取点东西。当你走进客厅正要上楼的时候，忽然闻到一股既熟悉又难闻的味儿，像是狗便便的味道。仔细一看，你马上反应过来是怎么回事了：沿着楼梯一直到儿子卧室门口，一路都清楚地留着他的小脚印，伴随着臭气熏天的味道。你儿子准是踩到了狗屎，跟狗来了个最糟心的亲密接触。

你会用到的东西

- 橡胶手套

- 钝刀或者汤勺

- 家用氨水

- 自来水

- 喷雾瓶

- 纸巾

- 过氧化氢（3%）

你应该怎么做

先找到那双踩了狗便便的鞋子，让你儿子立刻脱下来，把鞋子扔到院子里等会儿再处理（很显然你知道有更重要的事情等着你），赶紧找出家里的手套，屏住呼吸去做最要紧的事——铲屎。

你可以用钝刀或者汤勺先把地毯上的狗便便刮下来，尽量把地毯上能看见的那些便便残余都弄干净，趁那东西还没完全渗透凝固在地毯纤维上。

把 1 汤勺家用氨水混入 1/2 杯水中，装入喷雾瓶，喷洒到你已经刮过的那些有狗便便污渍的地毯上。要是你手边没有喷雾瓶，就用氨水混合溶液浸湿纸巾去吸沾地毯上那块污渍。还是要当心别用力去擦，要尽量去吸，直到把有便便的地方全都弄干净。

再把 1/4 茶匙的洗洁精 (不是自动洗碗机的洗碗液) 倒入 1000 毫升左右的水中混合，把纸巾浸透，去吸沾剩下的污渍印子。如果那些污渍印迹明显变淡了，不要停下来，继续反复吸，直到全部消失。然后用装满自来水的喷雾瓶清洗擦过皂液的地毯，或者用浸透清水的纸巾擦洗也行。擦几次之后，在上面铺一层干净的纸巾，压上一本字典或者百科全书之类的重东西，纸巾可以吸干地毯里剩余的水分。

如果用洗洁精混合溶液处理的结果并不太理想，污渍还是挺明显，就换个办法。在有污渍的地毯处喷洒或者涂抹浓度为 3% 的过氧化氢 (湿润程度就可以，不要浸泡)。静置一个小时，用纸巾吸干，如果你觉得污渍印迹还在，再重复一次。过氧化氢不需要用水清洗。等污渍除去后，还是在上面铺一层干净的纸巾，压上一本字典或者百科全书之类的重东西，吸干地毯里剩余的水分。

有趣的事实

上述清洁去污过程并不只适用于清理狗便便，同样适用于家中一切含有蛋白质成分的食物污渍。你可以用来清除婴儿食品、配方奶、血液、除臭剂、蛋清、明胶、尿液、呕吐物、牛肉、鸡汤、果汁等造成的污渍。一般来说，只要是你要处理的污渍里含有蛋白质，上述方法一定奏效。

墙上被砸出的小洞

（你女儿已经进入青春期了）

你和女儿稍微争执了几句，她就跺着脚生气地冲进了自己的房间。随后你听见她房间的门砰的一声关上，然后打开，再砰的一声关上，然后又打开，还传来一阵奇怪的吱吱呀呀

90

的声音。你不放心赶紧上楼去看看发生了什么，发现她正匆忙往门背后的墙上贴海报，大约贴在了齐腰的位置。

"干吗要在那儿贴张海报？"你问。"我喜欢贴那儿。"她答道。你说那个位置多奇怪，不但在门后，还在水平视线之下，而且还上下颠倒了。她有点绷不住，只好把海报拿下来，指给你看海报后面的洞，那是刚才她摔门的结果。看在孩子也有明显悔意的份儿上，你强忍住自己的愤怒，接受了她的道歉，告诉她没关系妈妈能补好。好吧，你真是个好妈妈。

你会用到的东西

- 剪刀或多功能刀
- 抹墙腻子
- 粗砂纸和中粗砂纸
- 湿海绵
- 刮腻子刀
- 墙面涂料

乳胶漆

你应该怎么做

门把手砸出的洞不会太大，所以可以去建材超市少买一些抹墙的白色腻子，回家自己补上那个洞就可以了。首先，把那个洞周围乱七八糟的破碎残留清理掉。然后用你准备好的粗砂纸打磨这个小洞的边缘，这样涂腻子的时候会粘得比较牢固。

用半干的海绵把洞口周围的石膏墙板拍得尽量潮湿一些，这样等一会糊上腻子，腻子就不会在晾干后缩水太多。接下来就可以用刮腻子刀把腻子一点一点填进洞里，先把中间填上，再填边缘。填上的腻子让这个刚补上的洞比周围的墙面高一些，然后尽可能地打磨，直到墙面光滑平整。腻子不要一次性涂抹太多，不然里面的腻子还是湿的呢，外面的先干了，很容易脱落。应该一次涂一层，让它干燥，在两层之间轻轻打磨。

石膏腻子干透了会有点缩水，所以会有些零星脱落，这时候你再补一遍就行。这样每一层之间都会很好地黏合，可以重复填抹几次，让这块墙上的补丁显得既平整又光滑。在两次涂抹之间要留出足够的时间，等它晾干。

最后，再用中粗的砂纸把补好的墙面打磨抛光，然后刷上墙面涂料。

有趣的事实

还记得物理课上，你曾经学过的公式吗？力 = 质量 × 加速度。你家墙上这个小洞就是这么来的。你女儿摔门时使的劲儿越大，门把手撞向墙面的力量也越大。如果你女儿真的特别愤怒，那你家墙面上的洞肯定也会更大，修补大洞的方法请见下一节。

墙上被砸出的大坑

（你女儿比你想象中有劲儿）

　　你带着女儿开始修补她发脾气时在墙上砸出的大洞。可是当你把洞口周围破损的墙板边缘全部切掉之后发现，这个需要修补的洞直径至少有15厘米。你很高兴自己养大了一个这么有主见的女儿（不管说什么，你现在要做的是把墙补起来）。你意识到，小修小补的计划泡汤了，现在你需要执行新的计划：修复石膏墙板。

你会用到的东西

- 多功能工具刀
- 一块石膏板或墙板
- 刮腻子刀
- 抹墙腻子
- 墙板锯或其他薄锯
- 砂纸
- 墙面涂料

你应该怎么做

第一步，先用墙板锯把墙上的大洞尽量切割成正方形或者长方形，这样你可以更容易地补上它。

第二步，量好尺寸，从买来的石膏板上切割下一块，与洞的形状相同，但每个边长比墙上那个洞的边长要略长 2.5 厘米，这样补上去的时候可以完全覆盖破损的墙面大洞。

第三步，把切下来的石膏板放在平坦的地板上，光滑的那面朝下。在补丁板子的四周量出并标记 2.5 厘米的位置，沿着标记画出框线，这就是和墙上的大洞形状大小完全相同的补丁。

第四步，用多功能工具刀沿着标记的线在石膏板上切割，别把石膏板最下面的那层纸切断。

第五步，用刮腻子刀轻轻地除去标记线外围那圈石膏芯和最上面的那层纸。

第六步，可以举起板子试着比画一下，检查并确保切割好的补丁石膏板与洞完全吻合，必要时仔细修剪。

第七步，用刮腻子刀先在大洞的内侧边缘涂抹一层薄薄

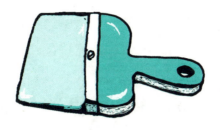

的抹墙腻子，大洞的四周也抹上一些腻子备用，接下来小心地把准备好的石膏板补丁放进大洞里。

第八步，把补丁墙板外围多出的那2.5厘米纸边轻轻地塞进洞口周围的腻子里，涂抹腻子，让腻子铺满压着这个纸边儿，由里向外刮结实刮平，然后晾干。

第九步，等到第一遍晾干之后，可以用砂纸轻轻打磨一下，然后再往补丁上涂一层腻子，让补丁与原来的墙面融为一体，看不出修补的痕迹。

满墙的马克笔涂鸦

　　你正在楼下看报纸，享受片刻的宁静。不过，事实上根据你的经验，太安静肯定没好事。你冲着楼上三岁的女儿喊了一声，问她干什么呢，女儿喊："妈妈，你不能上来！"

这种话听起来就很要命！

你赶紧三步并作两步冲上楼去，眼前一片令人崩溃的灾难景象，你收获了新教训：学步期孩子在离开你视线不超过五分钟的时间里，凭一只马克笔，也能酿成大祸。

你会用到的东西

- 医用酒精
- 洗甲水
- 湿布
- 去污粉
- 婴儿油或者润肤霜
- 刷墙漆

你应该怎么做

关于孩子身上马克笔涂过的衣服，你要提醒自己马克笔之所以又叫记号笔就是因为它有能够留下痕迹的功能。你不

要做无谓的、徒劳的挣扎非要彻底洗掉马克笔的墨迹。实际上，去除织物上的马克笔痕迹几乎是不可能的，当然你可以试着用酒精和洗甲水不断擦拭和揉搓，直到清理不出织物上的墨迹为止。然后把衣服扔到洗衣机里正常洗涤一遍，这样可能会让那些痕迹变得略浅，但不可能完全消失。

接下来是墙壁，马克笔的墨水通常会迅速渗入多孔质地的材料，例如壁纸、石膏或上过墙漆的石膏板。尽快用蘸了酒精或丙酮（比如洗甲水）的半干抹布擦拭有污渍的地方。在湿布上倒一些去污粉，擦洗马克笔的墨迹，然后用水冲洗，要注意这么擦洗肯定会改变墙壁漆面或者壁纸的颜色。如果你动作够快，也许你能成功地清除掉墙上那一片马克笔印迹。如果没有，你就只能用含有胶基的墙面漆再次粉刷你家的墙壁，才能遮盖住那块痕迹。

最后，关于你女儿的脸有两个消息，好消息是马克笔涂在皮肤上的痕迹，过一段时间会慢慢变淡、消失，坏消息是你女儿这张画着胡子的脸可真不算好看。你最好用婴幼儿专用的皮肤护理油或者润肤霜，轻轻地擦拭看能不能尽快去掉。虽然过些天这些痕迹就没了，但是这两撇胡子总归要在她脸上待几天。

有趣的事实

永久性马克笔使用的是溶剂型墨水，在接触时会腐蚀纸张（或织物、墙面、室内装饰）。一些溶剂型油墨是有毒的，再加上还有一些其他原因，所以最好把它们放在孩子接触不到的地方。虽然马克笔留下的墨水痕迹是永久的、不可去除的，但如果是画在了皮肤表面，还是能逐渐褪色消失的，至少这一点对孩子们来说是个好消息。

CHAPTER 4

你又把窗户怎么了？

纱窗上的洞

　　在一个让人懒洋洋的、炎热的夏日，你女儿挨着窗户坐在椅子上无所事事。她心不在焉地用铅笔尖戳着纱窗玩。你走过去对她说："别戳了，会戳出个洞来的。"然后就走开了。可她并没有停下来，继续用铅笔尖这里一下那里一下地轻轻戳着玩，还说："没事儿，不会戳出洞来，我会很小心的。"

一个小时后，当你再次经过纱窗时，果然，纱窗上有个惊喜的窟窿在那等着你，而肇事者和她的肇事铅笔已经神秘地消失了。你简直悔青了肠子，干吗要让她留在家里过暑假，就该把她送去参加夏令营。

你会用到的东西

· 纱窗修补套装或者备用窗纱

· 回形针

· 尼龙线和针

· 透明指甲油

你应该怎么做

如果孩子戳出来的洞很小，你可以掰开一个曲别针，用它把纱窗上被戳偏的纱网线一根一根拨回原来的位置，然后涂上透明指甲油固定就好了。

如果纱窗被孩子戳开了一个大口子，那你除了用曲别针把没断的纱网线拨回去之外，还得用针穿好跟钓鱼线一样粗细的尼龙线小心地缝好裂开的大口子。注意来回抽线缝合的时候不能把尼龙线拉得太紧，不然缝完之后的纱窗看起来会更加惨不忍睹，比之前的破洞还难看。缝好之后多涂几层透明指甲油固定一下。

如果你女儿为了能跳窗出去逛逛，在纱窗上挖了个大洞，你就不得不在纱窗上打个大补丁了。你可以买一个专门补纱窗的补丁包，里面有各种尺寸的备用窗纱块。买之前要确认你买的补丁套装跟你家的窗纱材质一样，你家用的是玻璃纤维就买玻璃纤维材质的，金属材质就买金属材质的。

这个补丁肯定不会让纱窗变得跟原来一模一样，但至少把纱窗上的破洞补得规规整整。这样就算是有块补丁，至少看起来是整洁的。

　　把要补上去的那块备用窗纱修剪得比破洞四周各宽出2.5厘米左右。然后把补丁窗纱的边缘拆开一点，拆掉一两根线就可以，把四个边上拆散的较长的金属线的边缘向上弯曲90度。

　　把这块整理好的补丁窗纱小心地平推堵住纱窗的破洞，在纱窗的另一侧把刚才折好竖直的线压平，让补丁窗纱完全覆盖住破洞，这下就补好了。

打碎的玻璃窗

　　你正在院子里清理树叶，而你的孩子在摆弄一套旧高尔夫球杆。　你看着他们练习挥杆，心想，二十年后说不定他们也能打败老虎伍兹。忽然，你女儿挥杆的时候不小心击中了一块小石头，好球，有点偏左，小石头在空中划出一道弧线，朝远处的车库飞去，消失在你的视线中。当你听到玻璃破碎的声音时，你意识到女儿未来的高尔夫职业生涯开始得可真不稳，一伸手就把车库玻璃打碎了一块。

你会用到的东西

- 新的格窗玻璃
- 凿子
- 吹风机
- 刮腻子刀
- 小卡子（楔形卡，用来固定窗户）
- 锤子
- 涂料

你应该怎么做

单格玻璃或固定格的窗玻璃换起来，比那种通过卡扣式

网格固定着一整块大玻璃的窗户换起来要容易多了。在开始
换玻璃之前一定要这么想。

先去测量打破的那格窗户窗框的长度和宽度，量好之后
分别减去 1.6 毫米。请五金店的师傅帮你按照尺寸切好玻璃，
也确认一下玻璃厚度跟家里的是不是一样。

在换玻璃前，首先需要清理掉窗格上残留的碎玻璃。你
需要用凿子把留在窗框里的玻璃碎片和残余的旧腻子清除。
一般玻璃用久了之后会变得很脆，用吹风机稍微加热让玻璃
变得软一些会更好清除。

窗框清理干净之后，把新玻璃先插进窗框的底部。窗框
里有条叫作槽口的凹槽，玻璃应该嵌进去放在那里。用准备
好的小卡子把玻璃固定在窗户的凹槽，拿锤子轻轻把卡子敲
一敲，塞进木头框里。

玻璃腻子和橡皮泥的手感差不多，黏黏软软的，先把腻子搓成几个长条。然后沿着玻璃的边缘把腻子条按进窗户框里，尽可能紧靠着边按。然后用腻子刮刀，沿着刚才按进腻子的窗户四边刮一遍，刮平。

　　随后把玻璃清理一下，等着玻璃腻子干燥。最后在干燥的玻璃腻子上刷上跟窗框同色的涂料，就完工了。

汽车蓄电池没电了

　　你和孩子们刚从超市买了一大堆东西，购物袋里那些冷冻食品很快就会融化，你们得赶紧回家。一到家，你马上下车，急急忙忙地把一袋袋食物运进厨房。车上的收音机里正好在播放你儿子最喜欢的歌，所以他磨蹭着要听完才下车。当他进来的时候，你问他有没有关掉大灯和音响，他很肯定地说"当然关了"，还做出一副很气愤的样子，觉得你不信任他。

第二天早上你起晚了，眼看着孩子们上学就要迟到了。你急急忙忙地把孩子们都叫起来，催着他们出门上车，可当你转动车钥匙点火的那一瞬间，悲剧发生了，车子无论如何也发动不起来。原来，收音机开了一整夜，把车里蓄电池的电耗光了。案发后，你儿子在后座上紧张地恨不得找个缝儿藏起来，而你，当然气得要命。你该怎么办，汽车的蓄电池也就是电瓶该如何紧急充电呢？

你会用到的东西

· 汽车搭火线
· 另外一辆电瓶有电的汽车

113

你应该怎么做

你需要找一辆电瓶正常的车，还有一套汽车搭火线来给你的车充电。

第一步，把找来的那辆有电的车和你的车车头相对停好，停得越近越好但不要接触到，这样两辆车的引擎盖离得近，才方便搭火线工作。先把两辆车都停好，关闭一切车载用电设备，然后熄火。手动挡车要挂空挡，拉手刹。打开各自车辆的引擎盖。

第二步，在两辆车上分别找到蓄电池（电瓶）的位置，在电池上找出正负极，正极上面有"＋"号或"POS"字样，负极标有"—"号或"NEG"字样。（一些新款汽车有专用的搭火线接口，如果你的车有搭火线专用接口，请先查阅汽车自带操作手册，然后再继续充电。）

第三步，打开电池的保护套，先把搭火线的两个红色夹子分别固定到两辆车电池的正极位置。务必小心，一定不能让红色夹子和黑色夹子接触，更不能让红色夹子接触负极和车身金属部位，防止短路。

第四步，用一个黑色夹子先夹住有电的那辆车的电池负极，再用另一个黑色夹子去夹没电的那辆车的金属车身部分，

这样才能接地，不要去夹包裹了橡胶密封垫的地方，因为橡胶是绝缘体。记住不要把黑色夹子固定到没电车的负极上，也要注意别把搭火线缠绕在汽车的风扇或风扇的皮带附近，以免引起燃烧。

第五步，接好线后，先发动有电车，空档下怠速运转发动机，确保没电车可以充电。随后尝试启动没电车，正常情况下没电车应该很快就有电可以启动。进行上述操作之后没电车仍然发动不了，可以再次尝试，也检查一下搭火线的接触是否正确。如果还是不行，那车子可能不是电瓶的问题，而是有别的问题（当然这种概率并不高），你就得联系汽车修理商了。

第六步，让两辆车都保持发动，然后严格按照顺序取下连接的搭火线。先拆没电车上用来接地的黑色夹子，再取下有电车的黑色夹子。还是要特别注意，别让红色夹子和黑色夹子接触到。最后，先取下有电车的红色夹子，再取下没电车的红色夹子。

第七步，尽量保证你的车持续发动 15 分钟以上，以便充足电量。

警告!

　　虽然大多数人会告诉你，他们知道如何使用搭火线，但是你最好确认他们真的操作过并且熟悉正确的操作顺序后再让他们动手，不然一下毁掉两辆车的蓄电池就太可惜了。

自行车掉链子了

　　你和孩子们骑着自行车去离家几公里远的地方远足。当你们一起用力骑上一座小山坡时，远处的山野美景和眼前的儿女欢声笑语环绕，简直美妙得如同电视里那支早餐麦片广

告中的画面。就在这时，你女儿的自行车发出了奇怪的咔嗒声，脚踏板卡住了，孩子和车一起摔倒了。自行车在关键时候掉链子了，要是不赶紧在路边修修，女儿这下可哪儿也去不了。就算现在打道回府，离家也挺远的，还是赶紧想办法修理吧。

你会用到的东西

· 自行车链条润滑油

你应该怎么做

装自行车链条需要从前面往后更换，因为自行车的后齿轮（或牙盘）控制着整个链条的张力。

第一步，先把自行车支好让车轮悬空，可以靠在树上或者干脆倒置，方便你看清楚链条。

第二步，找到自行车后牙盘下的小齿轮，链条就是绕在这个齿轮上转动。

第三步，用左手抓住齿轮，用力向前推，使链条完全松弛。

第四步，左手继续向前推小齿轮，右手抓住链条最前面的部分，把链条嵌入牙盘上最小的齿上。如果感觉链条很紧，可以前后晃一晃，帮助链条转动得更顺畅一些。

第五步，等链条在牙盘上嵌好后，慢慢松开刚才抓着向前推的后齿轮，让它复位。链条会完好如初地嵌入前后齿轮。

第六步，如果随身带着自行车链条润滑剂（任何运动用品商店都有），可以在链条上滴几滴。已经可以正常转动的链条在转动中会把润滑剂均匀地散布到整条链子上。不要滴太多，容易积聚污垢，还容易蹭到裤子上。

第七步，左手把后轮抬离地面保持悬空，右手转动脚踏板，使链条完全恢复到原来的位置。这样反复咬合几圈之后，链条就能平稳地跟之前一样卡在牙盘上绕着齿轮转动了，你和女儿也可以重新出发，继续你们的自行车远足了。

　　当你修理自行车链条的时候，会发现自行车润滑油的油脂特别黏稠。干完活之后，得用强力去油的洗洁精才能把那些手上黏糊糊的残余油脂洗掉，有时候可能还需要去油污效果更好的除油洗涤剂，比如柑橘类酸性溶剂才能洗去那些留在手上（衬衫和腿上）的油污。

牛奶洒到车里了

　　你刚刚从超市买了好多东西回来，招呼孩子们帮你一起从车上拿下来。他们像小蚂蚁一样排着队提着袋子来来回回地拎东西，你负责在屋里整理，分门别类把东西放到

该放的地方，这时你突然听到一声："妈妈！快来！牛奶洒了！"

等你冲过去的时候，一大盒牛奶已经像潮水一样渗进了脚垫里。天气很暖和，如果不赶紧想点办法，几个小时后，你再开车时里面的味道可不容乐观。想象一下，你开着一辆充满酸臭牛奶味的车四处转悠会是什么样子，你必须马上行动起来。

你会用到的东西

- 毛巾
- 白醋
- 水
- 小苏打或猫砂
- 工业用吸尘器或者干湿两用吸尘器（如果有的话）
- 植物型空气清新剂

你应该怎么做

立即用吸水力强的毛巾尽可能地把牛奶从地垫上吸出来。根据洒掉牛奶的多少，可能得反复多擦几遍。如果有干湿两用吸尘器就再好不过了，开足马力，尽量多吸一会儿，把地垫上的牛奶都吸干净。

吸干尽可能多的液体后，把白醋兑到水里，一份白醋两份水，搅匀后用力擦拭地上那些有湿迹的地方。这么做主要是为了中和牛奶的味道，也有助于分解污渍。

开着车门或者想办法让洒上牛奶的地方尽快干燥。如果清理完之后觉得车里还是有股臭脚丫子味儿，就再用白醋和水的混合溶液擦洗几遍。当然，气味可能会持续一段时间。

为了让车里的空气舒适清新一些，可以在车座位下面放一些小苏打或猫砂，尽量放在敞口的容器里。猫砂和小苏打在吸收异味方面功效几乎一样，就算不小心弄洒在地垫上，也很容易清理，扫出去就可以。或者干脆把小苏打弄成糊状，

涂抹在牛奶的湿印子上，直接吸收，等小苏打糊干了，用吸尘器吸干净就好。

有趣的 Tips

　　这段时间，你可以在车里挂几个车用植物型空气清新剂。如果你住的地方气候比较温暖的话，更要尽快去味儿，每天把车开到外面打开车窗晾一晾、通通风，也是好办法。

▍ 家中常备物品

在家中常备以下物品，当很多意外状况出现时，你基本都能应付了。

过氧化氢

理由：它可以清除很多不同种类的污渍，从葡萄汁到狗屎，它是特别好的消毒剂，可以用来处理小伤口和擦伤。

喷雾瓶

理由：有时候这种小东西常常有大作用哦。

白醋和小苏打

理由： 白醋是一种有效的清洁剂和除味剂，与小苏打混合会沸腾起泡产生"火山"喷发的效果，可以用来除锈除味，也是性价比很高的洗碗机清洁剂。

氨水

理由： 用来消除污渍的气味，尤其是宠物制造的那些污渍。记住，永远不要把它跟漂白剂混在一起，会有致命的危险。

洗甲水

理由： 洗甲水中含有丙酮成分，能够分解几乎任何种类的胶水、油漆、颜料，更不用说指甲油了。

抹墙腻子

理由： 不只是能用来修理涂抹墙壁，很多情况都会用到。

白胶

理由： 修理小物件，清理碎片，以及在家里跟孩子一起做手工时都会经常用到。

布基胶带

理由: 有什么用布基胶带不能解决的问题呢!?

基本工具包括:

- 锤子
- 马桶疏通器
- 螺丝刀(十字螺丝刀和平头螺丝刀)
- 可调节老虎钳
- 卷尺
- 各种尺寸的螺丝、钉子、大头钉和五金杂货店的小零碎

万能救急工具包

无论你去哪里，都把这些放在车里，你一定不会后悔。

布基胶带

理由：这种胶带几乎可以用在任何你需要临时修补的地方，无论是轮胎内胎上的小洞，还是背包上的小洞，还可以做成临时性的水杯和钱包，需要的话还能替代忽然失效的纸尿裤粘扣，最不得已的时候，还可以充当粘毛滚子清理各种狼狈现场的碎片。

WD-40 万能除锈润滑剂

理由：它万能到真的可以溶解除去任何粘在皮肤上的东西，包括强力胶、马克笔和嚼过的口香糖。它还可以对付一切含有石蜡成分的污渍，包括蜡笔、化妆品和蜡烛燃烧后的烛泪。它还能很好地抛光汽车内饰和润滑自行车的链条。

（顺便提一句，家里备着这种万能除锈润滑剂，下水道绝对通畅。）

牙线和缝衣针

理由：它们是修补破损物品的理想组合，包括不小心撕开的尼龙包、遮阳帘、汽车座椅套，还有鞋子上刮破的织物部分（唯一缺点就是缝完看上去有点丑）。但是它比普通线结实得多，性价比也高。当然了，它还能帮助你们全家保持牙齿和牙龈的健康。

镊子

理由：你可能想象不到，日常需要镊子的机会之多令人惊讶，孩子们随时都会有掉进缝隙里的小东西，滑进汽车仪表盘的硬币，还有各种七七八八的零碎，等等。

毛巾

理由：家里有宠物和小孩的话，必须常备吸水力强的毛巾，随时准备擦拭和吸收各种意想不到的脏兮兮的汤汤水水。

猫砂

理由：猫砂很强大，不光能除去难闻的气味和各种泄露的液体，在你的车子陷进雪地或者结冰路面的关键时刻，可以把猫砂撒到车轮下面，帮助车轮增强阻力不打滑，尽快开出来。

塑料垃圾袋

理由：不要小看垃圾袋，各种紧急情况下，不但可以用来当衣服、装行李，还能用作临时装水容器（用大量布基胶带缠好，非常可靠）。另外，可以罩在车上当座套，保护你不想被弄脏的车内饰。当然，垃圾袋还有装垃圾的功能。

多功能工具组合

理由：多功能工具组合会让你觉得自己像个魔法师一样。

折叠铲

理由：如果被困在泥坑里或雪地里，这个小铲子真的能帮助你摆脱困境，它可以折叠得足够小，放在哪都不占地儿。

▌ 本书的参考来源和致谢

虽然这本书中提供的很多处理技巧和解决方案是通过许许多多令人不那么愉快的亲身经历不断试错才总结出来的，但还是要感谢以下公司和机构提供的信息和支援：

- 从 Binney & Smith, HallmarkCards, Inc. 的子公司查到了绘儿乐色彩调查的信息。

- 从密苏里大学哥伦比亚分校推广服务中，查询到有关从可洗织物上去除污渍的信息。

- 从 Noise Pollution Clearinghouse 了解到有关噪音分贝级别的信息和有关人类耳朵的常识。

- 从阿肯色大学出版部门了解到关于古人类使用牙签

的知识。

· 文中提到的有关《脱线家族》剧目的信息，都来自
www.bradyworld.com。

· 从 www.toiletpaperworld.com 的网站上，了解到了有
关消费者使用厕纸情况的统计数据。

· 从箭牌公司网站查询到口香糖成分的有关信息。

· 从克林顿港的汽车保养委员会，做了关于如何启动
汽车电瓶的查询。

· 从亚利桑那州图森市的大学医学中心，了解到了如
何去除皮肤上的仙人掌刺。

· 从加利福尼亚的专业服务组织，了解到了把液体洗
洁精放入洗碗机的后果。

- 马尔沙·布林发表在 www.stuffworks.com 的网站上关于飞蛾和飞蛾趋光性的文章。
- 从美国建材零售协会了解到了如何修补墙上的破洞。
- 从美国专利局了解到了专利号为 1.219.881 的关于第一条拉链的专利信息。
- 从盛福公司查找了如何去除马克笔痕迹的信息。
- 从 www.Physlink.com 网站上获得了关于微波炉的信息。
- 从美国高尔夫球协会获得了高尔夫球标准的数据信息。

还有一些我想感谢的人

- 丹尼斯·伯金斯是 Planet Hair 的老板，她提供了如何除去头发上的凡士林和口香糖的方法。

- 丽莎·费根是个珠宝制作师，她提供了如何修理瓷器和其他陶瓷制品的方法。

- 艾瑞克·果德瓦戈，自行车修理专家，提供了如何更换自行车链的信息。

- 莱斯利·康诺利，提供了如何驱除飞进耳朵里的蛾子的方法，还有其他奇奇怪怪的灾难处理办法。

- 乔舒亚·卡罕，水电工人，提供了许多有关厕所马桶的实用维护指导、修理方法和如何拆卸的帮助。

- 瑞秋·博努瓦、布鲁斯·雷素尔、大卫·莫林、马克·希夫曼、杰夫·麦克阿里斯特、苏珊·黑尔、阿里克斯·卡罕，他们都是诺麦德出版社充满想法、无比专业且耐心的人。

- 安娜·泰普维奇，她是一位完美的图书编辑。
- Big Hed 设计工作室的查理·沃格拉姆，感谢他为本书提供了妙不可言的插图。
- 理查德、安娜斯塔西娅、诺亚和西蒙，感谢你们一周中每天都为我提供灾难现场的素材。

你的灾难笔记